How to Write in Arabic

How to Write in Arabic

Developing Your Academic Writing Style

Second Edition

El Mustapha Lahlali

EDINBURGH
University Press

Edinburgh University Press is one of the leading university presses in the UK. We publish academic books and journals in our selected subject areas across the humanities and social sciences, combining cutting-edge scholarship with high editorial and production values to produce academic works of lasting importance. For more information visit our website: edinburghuniversitypress.com

First edition published by Edinburgh University Press in 2009

Edinburgh University Press Ltd
The Tun – Holyrood Road
12 (2f) Jackson's Entry
Edinburgh EH8 8PJ

Typeset in Myriad Arabic by
Servis Filmsetting Ltd, Stockport, Cheshire, and
printed and bound in Great Britain

A CIP record for this book is available from the British Library

ISBN 978 1 4744 5737 8 (hardback)
ISBN 978 1 4744 5738 5 (paperback)
ISBN 978 1 4744 5739 2 (webready PDF)
ISBN 978 1 4744 5740 8 (epub)

Contents

Unit 3: Stylistic Expressions and Vocabulary
الوحدة الثالثة: عبارات أسلوبية

Unit 4: Free Writing
الرابعة: كتابة حرة

Acknowledgements

I would like to express my gratitude to all those who made this book possible. I wish to thank first and foremost Professor Wafa Abu Hatab and Dr Uosef Karim for commenting on a draft of this edition. My special thanks go to James Dale for his valuable comments on a draft of the first edition. I would also like to thank Nicola Ramsey, Edinburgh University Press, for supporting this project.

My heartfelt appreciation also goes to friends and colleagues for their support, help and encouragement. Special thanks go to my friend Naemi Nakagawa for her encouragement throughout the writing stages of the first edition of this book.

Lastly, and most importantly, I would like to express my warm thanks to my family for their unfailing love, encouragement and support.

This edition is for the memory of my late father, my greatest hero!

Introduction

The chief aims of this book are to help learners of Arabic at intermediate and advanced levels to:

1   develop and refine their writing skills in Arabic;
2   achieve a degree of competency in writing with efficient Arabic style, through a wide range of Arabic writing exercises;
3   learn Arabic linguistic features which are necessary for fluent writing styles;
4   adopt Arabic stylistics with a view to enhancing their Arabic writing;
5   become familiar with different aspects of writing, such as sentences, paragraphs, letters, summaries, articles, etc.;
6   acquire vocabulary in its context for their writing usage.

In order for the above-mentioned aims to be achieved, this textbook provides practical sessions and exercises which are designed solely to meet the objectives set for this textbook. Each unit contains a wide range of exercises which will enable learners to practise the concepts introduced in each unit.

Why this textbook?

Over the last few years, many books have been published on Arabic grammar and Arabic literature, but there is not, to my knowledge, a comprehensive academic book on writing in Arabic. Writing is a key skill in any language, and Arabic is no exception.

However, there are not sufficient resources on writing in Arabic for learners of Arabic as a foreign language. This edition will enable learners to acquire the ability to write effectively and fluently in Arabic in both their personal and professional lives. It will not only be useful to those learners who wish to familiarise themselves with the style and structure of writing in Arabic, but will also help them build their Arabic vocabulary, with phrases and idiomatic expressions, which will help them improve their style.

There is a section of answers to some of the exercises at the back of the book and this key will help learners check their answers and facilitate their learning.

The textbook is composed of eight units, which have more or less the same structure and layout, organised into the following topics:

Unit 1: **Connectors**   This unit focuses on the structure of Arabic sentences and paragraphs, and the cohesive links between them. It introduces learners to different Arabic cohesive devices, giving examples of their usage in sentences.

Unit 2: **Letter Writing**   This unit focuses on drafting, writing and responding to different types of letters. Students are introduced to different letter formats and styles, for instance, writing personal letters, love letters, professional letters, job application letters and CVs, condolence letters, congratulation letters, e-mails and memos.

Unit 3: **Stylistic Expressions and Vocabulary**   This unit provides a variety of phrases and idiomatic expressions that can be used in writing. Key verbs and phrases are categorised in themes and used in sentences to acquaint students with their contextual usage. This is followed by a wide range of practical exercises.

Unit 4: **Free Writing**   This unit deals with writing different genres of texts, literary texts and media texts. Through a variety of materials, students are introduced to writing coherent and cohesive texts/articles in Arabic, as well as formulating concise introductions and conclusions. Students are introduced to different Arabic phraseologies which are used in writing introductions and conclusions. They are also introduced to writing a precis in Arabic. A section on punctuation is included in this unit.

Unit 5: **Creative Writing**   The aim of this unit is to introduce learners to writing narrative texts such as short stories. This unit equips learners with tools and mechanisms for writing literary works. Samples of short stories are introduced in this unit in order to acquaint students with the Arabic literary style. The unit also introduces students to some of the rhetorical features often used in creative writing.

Unit 6: **Arabic Expressions and Vocabulary in Context**   This unit provides learners with a variety of expressions in context. The unit also offers a wide range of drills which are designed to allow learners to practise what they have learned.

Unit 7: **Arabic Media Writing**   This unit introduces learners to a wide range of themes concerning Arabic media. The impetus behind this is to equip learners with a wealth of vocabulary and expressions to enable them to understand media texts, compose sentences, paragraphs and short articles. The unit offers a wide range of drills on the themes of diplomacy, elections, the economy, the environment and natural disasters, revolutions and law. By introducing learners to these themes, we hope they will be equipped with a plethora of expressions, which will facilitate the tasks of comprehension, translation and writing.

Unit 8: **My Writing Errors**   This unit introduces some common errors made by learners in their writing. It identifies these errors, categorises them and offers possible explanations and ways of avoiding them in future practices. By identifying different types of errors and correcting them, learners of Arabic should be able to understand, or at least identify, the reasons for making those errors. Most of the errors are authentic and selected from learners' writings.

Answers: Towards the end of the book there is an answer section which provides students with answers to the main questions in each unit. The key is designed to encourage autonomous learning. Exercises with answers in the key are marked with this symbol: ✓.

UNIT 1 CONNECTORS

الوحدة الأولى: الروابط

Arabic language is characterised by its rich vocabulary and complex sentences. Now that you have learnt how to write basic and simple sentences, you can express yourself in more complex ways. To do so, you need to learn how to link different ideas and sentences in order to create a coherent and cohesive text. The use of connectors in Arabic can help you improve your style and link your ideas in a way that would help the reader to follow your argument. Arabic language provides a wide range of connectors which serve different functions.

Each section below will introduce you to a different type of Arabic connectors and their functions. It is worth mentioning here that these connectors are very varied and serve different functions.

1. استخرجوا الروابط الموجودة في النص التالي وحدّدوا نوعها.

1. As mentioned above, a variety of connectors is used in writing. Find the connectors in this passage and study their usage. ✓

عطش غزال وراح يبحث عن ماء يروي به عطشه. فبينما هو في طريقه فإذا به يجد بئرا فيه ماء. نزل إلى البئر وأشفى غليل عطشه ، لكن عندما حاول الصعود من البئر وجد نفسه في مأزق فلم يستطع الصعود. ثم مرّ الثعلب فوجد الغزال على حاله المؤلم يحاول أن يصعد لكن دون جدوى. ومرّت ساعات فإذا بأحد المارّة يجد الغزال يحاول أن يصعد ثم يسقط. ساعد الرجل الغزال وأخرجه من البئر بعد جهد كبير. على الرغم من تعب الرجل إلا أنه لم يترك الغزال في قاع البئر.

و أخيرا شكر الغزال الرجل على إنسانيته.

2. أتمموا الفراغات التالية باستخدام أحد الروابط المناسبة

2. Complete the following blanks with appropriate connectors. ✓

سافرنا العطلة الماضية إلى المغرب.................. زرنا معظم مدنه التاريخية. لقد زرنا مدينة فاس .... توجهنا إلى مدينة مراكش في الجنوب .... زرنا أغادير على شاطئ المحيط الأطلسي. .... زرنا الصويرة المعروفة برياحها العليلة .... جوها البارد في الصيف. لقد أعجبنا المغرب كثيرا............. أعجبنا أكل الكسكس ....الطاجين المغربي.

These connectors have different functions and link both words and sentences. Below is a summary of the main connectors used in Arabic.

1.1 Additive conjunction 1.1 الربط الإضافي

Additive conjunctions are connectors used to link two words, clauses, sentences or ideas. Arabic is rich with additive conjunctions. However, each has its own function.

and **الواو**

Used to link words, clauses, sentences and paragraphs. It is used within and between sentences.

1 خرج محمد **و**علي إلى السوق
2 زرنا سعيد **و**صديقه في المدينة المجاورة
3 سافرت إلى مصر وزرت الأهرامات

while, as **واو الحال**

واو الحال starts the circumstantial *Hal*, and it is followed either by a nominal sentence or a verbal sentence.

1 زارتنا **و**هي حزينة على فراق صديقها
2 حضرت الحفلة **و**هي مرتاحة البال
3 رجع إلى بلده **و**معه زوجته الجديدة
4 سافر إلى أوروبا وقد أخذ معه عائلته
5 عاد إلى بلده **و**لم يحصل على أي شهادة

In addition to linking words, clauses and sentences, و can be used to link paragraphs and is often used to begin one. This is prevalent in media texts.

then **ثم**

Similar to و, ثم can be used to link two sentences.

1 سافرت إلى مصر ثم زرت الأهرامات
2 زرت بيتها ثم التقيت بأهلها

after that **بعد ذلك**

Used to indicate that one action precedes another.

1 حضرنا المحاضرة و سألنا أسئلة كثيرة وبعد ذلك توجهنا إلى المطعم.
2 استيقظت من النوم باكرا ثم تناولت الفطور وبعد ذلك توجهت إلى الجامعة
3 شاهدنا الفيلم معا وبعد ذلك انطلق كل واحد منا لحاله

In addition to the above additive conjunctions, there are other additive conjunctions that are used to link sentences and ideas. Like any other language, Arabic offers a range of additive conjunctions that have the same meaning.

1 قرأت كتابا
- **وبالإضافة إلى ذلك** (in addition to) كتبت تلخيصا موجزا عن مضمونه
- **وإلى جانب ذلك** (besides)
- **وزيادة على ذلك** (in addition to)
- **وأضف إلى ذلك** (add to that)
- **وزد على ذلك** (add to that)

✓ أ. اربطوا الجمل التالية بالروابط الإضافية المناسبة

A. Connect the following sentences with the appropriate additive conjunctions.

1 تولى الخلافة الإسلامية بعد الرسول أبو بكر .... عمر
2 يكتب الكاتب الكتاب .... ينشره
3 أحب كرة القدم .... لا أحب كرة السلة
4 في الصيف الماضي زرت القاهرة .... الإسكندرية
5 حضر المحاضرة .... قد أتمّ كل واجباته
6 لتجهيز كوب شاي اتبع الخطوات الآتية: ضع كيس شاي في الكوب ...... ملعقة سكر ....صب الماء .... حرك الكوب.......... اشرب الشاي.

1.2 Contrastive conjunction — 1.2 الربط الاستدراكي

Contrastive conjunctions are the conjunctive relations of elements of sentences or paragraphs that express the opposition of their meanings. The following connectors are used in Arabic to contrast one idea or action with another.

but, however **لكن/ لكن**

1 حضر الطالب إلى المحاضرة لكنه لم ينجز تمارينه المنزلية
2 جاءت إلى المدينة لكنها لم تحضر حفل زفافها
3 حضر الطرفان المؤتمر الدولي لكنهما رفضا الدخول في مفاوضات لحل المشكلة العالقة بينهما.

بيد أن – but **على عكس ذلك** – on the contrary **على نقيض ذلك** – on the contrary **خلافا لذلك** – on the contrary **على صعيد آخر** – on the other hand **ومن جهة ثانية/ومن ناحية اخرى** – on the other hand

1 ظننت أنه سيفشل في امتحانه لكن على عكس ذلك فقد نجح
2 كان الجو ممطرا وباردا على نقيض ما توقع
3 لقد نجح من ناحية لكنه فشل من ناحية أخرى لأنه لم يحقق كل أهدافه
4 كان طالبا مثابرا { و على صعيد آخر / ومن جهة ثانية } كان مدمنا على المخدرات

✓ أ. أتمموا الجمل التالية باستخدام أداة الربط الاستدراكي المناسبة

A. Complete the following sentences with the appropriate adversative conjunction.

1 كان التعليم في القديم مجانا .... اليوم أغلب الطلاب في الجامعات البريطانية يدفعون رسوما دراسية.
2 حصل على نتيجة مرضية على .... ما كان يتوقع
3 كان من المقرر أن يتغيبوا عن الاجتماع .... فقد حضروا في الوقت المناسب
4 لقد نجحت المفاوضات بين الطرفين .... لكنها أخفقت في ....
5 وقعت على العقد .... لم تستشر زوجها في ذلك.
6 يحب أخي مشاهدة الأفلام الغربية .... صديقه الذي يحب الأفلام الشرقية.
7 كانت النتائج غير مرضية .... ما كان ينتظر

1.3   Temporal conjunction   الربط الزمني   1.3

There are numerous cohesive devices in Arabic to express the time relationship between sentences. The following are examples.

قبل + أن+ مضارع

The use of قبل indicates that there are two actions; one is accomplished before the beginning of the other. قبل can either be followed by مضارع + أن, or by a gerund مصدر

1   تخرّج من مدرسة عسكريّة **قبل أن** يلتحق بالجيش
2   **قبل أن** يلتحق بالجيش تخرج من مدرسة عسكريّة
3   ودّع عائلته **قبل أن** يسافر مع أصدقائه
4   دارت بينهم مفاوضات حادّة **قبل أن** يوقعوا على الوثيقة

قبل + مصدر

1   قبل إلتحاقه بالجيش تخرج الضابط من المدرسة العسكرية
2   فاز بالانتخابات قبل تنصيبه رئيسا للبلد
3   اعتذر الوزير عن أخطائه قبل الاستقالة من منصبه

في الوقت نفسه – في غضون ذلك

Used to indicate simultaneous time sequence.

1   عبّر الرئيس عن ارتياحه لإطلاق سراح المحتجزين وفي **الوقت نفسه** أعرب عن قلقه لاستمرار النزاع بين الطرفين.
2   أكد الرئيس على استمرار المفاوضات وفي الوقت نفسه لمّح إلى إمكانية استخدام القوة في حال فشل المفاوضات
3   طالب رئيس الوزراء البريطاني إيران بإطلاق سراح المحتجزين وفي غضون ذلك اعتبر الرئيس الأمريكي الفعل الإيراني بأنه يخالف الأعراف الدولية

when   حينما - لمّا - عندما

1   عثرت على هذا الكتاب المفيد **حينما** زرت المكتبة في لندن
2   حكت لي قصتها **حينما** التقيت بها في وسط المدينة
3   **لمّا** دخل الأب خرج الأولاد
4   دخل التلاميذ إلى الصف **عندما** دقّ الجرس

whenever   كلّما

رفض مساعدتي كلما طلبته
يحضر إلى الحفل كلما استدعيته

في هذه الأثناء – وفي هذه اللحظة – في هذا الوقت

1   التقيت برئيس الجامعة لأول مرة وفي **هذه الأثناء** طلبت منه مساعدتي لنشر بحوثي في مجلة الجامعة
2   مررت به يئن من شدة المرض وفي **هذه اللحظة** قرّرت مساعدته
3   شاهدها لأول مرة وفي **هذا الوقت** قرّر التعرف عليها

while   بينما

Indicates that two simultaneous actions are taking or have taken place.

1   كنت أدرس بينما كان أخي يلعب
2   غاب الطلاب عن الدروس احتجاجا بينما حضر الأساتذة كلهم

أ. اربطوا العبارات التالية بأدوات الربط الزمنية المناسبة   ✓

A. Connect the following phrases using the appropriate temporal conjunction.

1   كنت أدرس في المكتبة - كان أخي ينظف الغرفة
2   مررت بهما يتخاصمان – قرّرت التدخل للإصلاح بينهما
3   أحببتها لأول مرة – التقيت بها في المؤتمر
4   اشتكى عليّ كثيرا – زارني أخيرا في بيتي
5   حصل على وظيفة جيدة – حصوله على شهادة الدكتوراه
6   سأتصل بك – سأصل إلى بريطانيا
7   كان أخي يشاهد برنامجه المفضل – كنت أحضر إلى امتحاني السنوي الأخير
8   زارها في مكتبها – أبلغها بخبر ترقيته إلى عميد الكلية
9   ألقى محاضرته الأخيرة – شكر طلابه على إخلاصهم

1.4   Listing   1.4   الإحصاء

When we list a number of temporal sequences, we use the following:

أولا – ثانيا - ثالثا - رابعا ....

كتبت المقال **أولا** ثم وزّعته على أفراد اللجنة **ثانيا** و قمت بنشره **ثالثا**.

أ. استخدموا أدوات الإحصاء أعلاه في فقرة صغيرة عن ماذا تعلمتم في صف العربية خلال الأسبوع

A. Use the above listing connectors in a short paragraph of your own about what you have learnt in Arabic class during the whole week.

....

....

....

....

....

....

....

CONSOLIDATION EXERCISES

أ. استخدموا ما يأتي في جمل مفيدة

A. Use the following in full sentences.

1   على صعيد آخر...

2   على نقيض ذلك ....

3   ومن جهة ثانية ....

4   في هذه اللحظة ....

✓   ب. اربطوا الجمل التالية بأدوات الربط المناسبة

B. Link the following sentences using the appropriate connectors.

1   راسلها كثيرا .... الزواج منها.

2   اندلعت الحرب .... فشل المفاوضات بين الجانبين

3   اتفقا على ضرورة تقوية العلاقات الثنائية بينهما .... آخر لقاء بينهما

4   شرح الأستاذ المحاضرة .... ساعد الطلاب على انجاز التمارين .... أعطى بعض الحلول المناسبة للتمارين

5   هل يمكن أن نسافر إلى لندن .... نقيم فيها لمدة وجيزة .... أن ينقضي العام الدراسي؟

ج. اكتبوا فقرة صغيرة مستخدمين فيها روابط الاستدراك والإضافة عن أوجه التشابه والاختلاف بينك وبين صديقك.

C. Use adversative and additive conjunctions in a paragraph in which you compare yourself with a friend. List ways in which you are similar and different.

....

....

....

....

....

....

....

....

1.5 **Causality**	1.5 **السببية**

Causality in Arabic expresses the relationship between the cause and the effect. The following Arabic connectors of cause show that one thing caused another.

بسبب - لأن

1   قرّرت مغادرة البلد **بسبب** الجو الممطر دائما

2 اضطر إلى مغادرة فريقه **بسبب** مرضه المزمن

3 لم يخرج معنا اليوم **لأن** أباه لم يسمح له بذلك

4 لم ينجح في الامتحان الأخير **لأنه** لم يهتم بدراسته

	لذا لم تذهب إلى الجامعة
	ولهذا
كانت سعاد مريضة	**ولهذا السبب**
	ولهذا الغرض
	ومن جرَّاء ذلك

✔ أ. أتمموا الجمل التالية بأداة السببية المناسبة

A. Complete the following sentences with the appropriate causality conjunction.

1 تغيّب الطالب اليوم عن المحاضرة .... انشغاله بمشاكل أسرته

2 انخفضت أسعار البيوت .... تراجع الاقتصاد العالمي

3 تمّ تقديمها أمام المحكمة .... تورطها في سرقة البنك المحلي

4 سافرخارج البلد .... لم يحضر زفاف أخيه

5 حصل على منحة دراسة الدكتوراه .... سافر إلى بريطانيا لمتابعة دراسته.

1.6 Result   النتيجة 1.6

نتيجة لذلك (as a result of that) expresses the consequences of an action. أدى إلى expresses the cause which led to an action.

نتيجة لذلك – أدّى إلى

1 وقعت المظاهرات والاحتجاجات **نتيجة** قرار رفع الضرائب

2 **أدى** رفع الضرائب **إلى** وقوع احتجاجات ومظاهرات

1	مقدمة	+	لذلك	+	نتيجة
	كان الدرس ممتعا		لذلك		فهمت الدرس جيدا

2	نتيجة	+	لأن	+	مقدمة
	فتحت مظلتي ورفعتها		لأن		المطر القوي يهطل

3	نتيجة	+	نظرا لأن	+	مقدمة
	فاز الفريق		نظرا لأن		الخصم كان ضعيفا

4	مقدمة	+	وعليه	+	نتيجة
	تدربت جيدا على السياقة		وعليه		يمكن أن أحصل على رخصة السياقة

5	لأن	+	مقدمة	+	نتيجة
	لأن		الخصم ضعيف		فاز الفريق

6	إذا كان	+	مقدمة	+	نتيجة
	إذا كان		الجو جيدا		فإني سأخرج مع أصدقائي

أ. ضعوا مايلي في جمل مفيدة من عندكم

A. Use the following in meaningful sentences

نتيجة لـ ....

نظرا لأن ....

أدى إلى ....

1.7	**Comparison**	المقارنة	1.7

Although the following prepositions/phrases and verbs cannot be considered conjunctions, they are used to compare people or objects.

يشبه - يضاهي - يحاكي - مثل - كـ - مخالف لـ - يخالف

1   زيد يشبه سعيدا ذكاء

2   هذا البلد مثل بلدنا ثقافة

3   لم أرتح لمعاملته التي تحاكي معاملة الطفل الصغير

4   هذه الثقافة مختلفة عن ثقافتنا

5   هذه السيارة مغايرة لسيارتنا

أ. استخرجوا أدوات التشبيه من النص الآتي

A. Find words and phrases suggesting comparison in the following text.

كنت أتجوّل في شوارع مدينة القاهرة فإذا بي أرى فتاة جميلة شعرها مثل الليل ووجهها يحاكي القمر ونظرتها كالابتسامة. مشيت من دون التفاتة وأنا أفكر في جمال الخالق ليقع بصري على رجل يمدّ يده إلى المارّة، ثيابه ممزّقة كالمتسول، وشعره ملوث كالمحارب، صوته ضعيف يشابه المريض في لحظة الاحتضار. قلت لنفسي هذه تناقضات الحياة. هناك الغني والفقير، المتعلم والجاهل. صرت في طريقي وأنا أتساءل لماذا هذا التناقض؟ وبينما أنا في حيرة من أمري، فإذا بطفل صغير يبلغ الحادية عشرة من عمره يقاطعني بصوت عال قائلا:

"السلام عليكم"، فمضى قائلا: التلميذ جنديّ، محفظته سلاحه وقلمه بندقيته وعدوه الجهل. استغربت لهذه المقارنة الرائعة التي خرجت من فم طفل يضاهي الرجل ذكاءً، لم يذق بعد تجربة الحياة الصعبة. مشيت في طريقي والتعب يبدو واضحا على وجهي كالفلاح المكدّ تحت حرارة الشمس الساطعة. رجعت إلى مدينتي و صورة مدينة القاهرة المتناقضة ظلت تخيّم على ذهني وعقلي.

ب. اربطوا الجمل التالية بأدوات التشبيه المناسبة

B. Connect the following sentences with the appropriate **أداة التشبيه**

1   أخي .... السبع شجاعة

2   مستوى طلاب صفنا .... مستوى الطلاب الآخرين في جامعات أخرى

3   وجهها يلمع بياضا .... القمر المنير

4   كرمه .... كرم حاتم الطائي

1.8 Start and end phrases عبارات البدء والنهاية 1.8

مقدمة:

The following phrases are often used in both written and spoken Arabic to indicate the beginning of a text or a speech.

استهل - في مستهل - بادئ ذي بدء - في البداية - بداية - في مقدمة - أولا

1 في مستهل هذا الموضوع أريد أن أعرّف العولمة وأتطرق إلى إيجابياتها وسلبياتها
2 بادئ ذي بدء لابد من الحديث عن الإعلام ودوره في توعية الأجيال
3 في مقدمة هذا النص سأتحدث عن قسمين مهمّين

خاتمة:

The following phrases are used to summarise a text or a speech.

وختاما - وخلاصة القول - مجمل القول - قصارى القول - صفوة القول - سأختم - ونهاية - وفي النهاية - وختاما - مختصر القول

1 ومجمل القول إن الكتابة بالعربية تبقى تحدّي لكل متعلم للغة العربية كلغة أجنبية
2 وفي ختام موضوعنا هذا أودّ أن أقول إن السيّاسة الأمريكيّة الخارجيّة في الشرق الأوسط تبدو للبعض غير عادلة
3 وقصارى القول إن المحافظة على البيئة تحتاج إلى معايير تساعد على رفع وعي المواطنين
4 وصفوة القول إن التدخين مضر ومهلك للصحة

اكتبوا مقدمة وخاتمة للمواضيع الآتية مستخدمين العبارات أعلاه

A. Write an introduction and conclusion to the following topics using the above phrases.

- الصداقة
- البطالة وأثرها على الأسرة

CONSOLIDATION EXERCISES

✓ أ. أتمموا الجمل الآتية بأدوات الربط المناسبة

A. Complete the following sentences with the appropriate connector.

1 .... يحضر إلى المحاضرة .... بل شارك بعرض قيّم
2 حضر كل الأساتذة .... الأستاذ الجديد
3 احتفلت كل البلدان بالسنة الجديدة .... بلدا وحيدا
4 .... أن تقوم بواجبك على أكمل الوجه لكي ترتقي في عملك
5 .... تستمع إلى نصائح أستاذك تنجح في مستقبلك
6 .... اتبع قرارات الأمم المتحدة لما شنّ حربا على العراق

ب. استخرجوا أدوات الربط المعبّرة عن الشعور والاستثناء في النص الآتي

B. What are the connectors of exception and emotion in the following text?

سافر خارج وطنه طلبا لعيش رغيد بعيدا عن حياة الفقر التي شابت حياته منذ ولادته. إذ كان لابد عليه أن يجهز نفسه لهذه القفزة النوعية في حياته. لم تكن هذه هي المرة الأولى التي سيغادر فيها مدينته لكنها المرة الأولى التي سيجتاز فيها حدود بلده. استعدّ كل الاستعداد وودّع كل أصدقائه سوى صديقا لم يره منذ سنوات. وحدث السفر وخرج أحمد إلى أوروبا، لكن فراقه لبلده الأصلي ولأصدقائه جعله دائما يشعر بالغربة في أحضان بلده الجديد. لو جلس أحمد في بلده واقتنع بمستوى معيشته لما اغترب في بلد أجنبي.

1.9 Summaries — الاختصار 1.9

The following phrases can be used both in writing and speaking to summarise ideas. However, they are not used frequently in media articles and texts. These phrases are more often used in literary writing.

باختصار - ألخص - اكتفي بالقول - لن أفيض في الحديث - لن أطيل في الشرح - بإيجاز - اجتزئ بـ - لضيق الوقت سـ

1 لضيق الوقت تطرق المحاضر لنقطة واحدة فقط
2 ألخص ماقلت سابقا في عبارة واحدة: من جدّ وجد ومن زرع حصد
3 وأكتفي بالقول إن الدبلوماسية هي دائما الخيار المفضل لحل المشاكل العالقة بين الأطراف
4 وبإيجاز فإن الدعوة إلى تعويض اللغة الفصحى بالعامية لن تنال دعم محبّي اللغة العربية

أ. ضعوا مايلي في جمل مفيدة

A. Use the following phrases in sentences.

1 اكتفى بـ (القول / الحديث / الكلام)
2 أطال في (الشرح / الكلام / الخطاب / الحديث / المناقشة)
3 أفاض في (الشرح / الحديث / الكلام)
4 لخص (النص / المحاضرة..)
5 أجاز في ....

1.10 Expressing opinions — التعبير عن الرأي 1.10

In debates, dialogues and discussions, the following expressions are used to indicate the speaker's stance. These phrases are employed to indicate one's agreement and support to an argument, discussion or debate.

مع

- أوافق الكاتب هذا الرأي.......................
- أشاطر الكاتب الرأي في ....
- ليس لدي أدنى شك في ....

- أشد على يد الكاتب في........................
- أنا مقتنع كل القناعة بـ........................
- ما طرحه الكاتب بعيد عن كل شك..............

1 أوافق الكاتب الرأي بأن عدم الاهتمام بالشباب قد يؤدي به إلى الانحراف عن جادة الطريق
2 أشاطر الكاتب الرأي في أن الحوار هو طريق السلم والسلام
3 ليس لدي أدنى شك فيما قاله اليوم
4 أشد على يد صديقي في قوله إن العلم والتعلم أساس النجاح
5 أنا مقتنع كل القناعة بـأفكارها الجديدة حول كيفية القضاء على العنصرية
6 ما طرحه الكاتب في نصه بعيد عن كل شك

ضد

The following phrases are often used to express opposition, doubt or rejection of others' ideas, arguments or opinions. They indicate strong disagreement on the part of the speaker or writer.

- عندي شك..........................
- لا أشاطر الكاتب الرأي..............................
- ما طرحه الكاتب بعيد عن كل اقناع................
- طرحه ليس منطقيا..................وتحليله سطحي........................
- فشل الكاتب فشلا ذريعا في..............................
- تغافل الكاتب عن..................................

1 عندي شك في قدراته على حكم البلد
2 لا أشاطر الكاتب الرأي حينما طرح أن القوة هي السبيل لحل المشاكل
3 ما طرحه الكاتب بعيد عن كل إقناع
4 طرحه ليس منطقياً وتحليله سطحي لايستند على أدلة دامغة
5 فشل الكاتب فشلا ذريعا في إقناع القارئ برأيه.
6 تغافل المتحدث عن رأي معارضه خلال الحملة الانتخابية الأخيرة

أ. عبّروا عن رأيكم فيما يأتي:

A. Express your opinions on the following.

1 العمل الجاد أساس النجاح
2 الحرب مصدر خراب المجتمعات
3 الزواج المبكر سبب ارتفاع نسبة الطلاق

✓ ب. أتموا الجمل التالية بعبارات التلخيص المناسبة

B. Complete the following sentences with the appropriate expression of summary.

1 .... أقول إن العمل المستمر سر النجاح
2 .... بالقول إن الصبر مفتاح كل فرج
3 .... أن السلم أساس تعايش المجتمعات
4 .... فإن التكنلوجيا مستقبل تطور المجتمعات الحديثة

1.11 Similarity المثل 1.11

The following expressions are used to express similarity in Arabic.

على غرار ذلك – من نمط – على هذا الطراز – على هذا المنوال – شبيه بهذا – مثل ذلك

1 حقّق العداء إنجازا باهرا في ألعاب القوى فطلب المدرب من كل اللاعبين تحقيق مثل ذلك
2 مدحها الأستاذ على اجتهادها وطلب منها السير على نفس المنوال
3 اتفقا على صنع طائرة على الطراز الأمريكي

✓ أ. صلوا ما يلي بعبارات المثل وكوّنوا جملا مفيدة

A. Connect the following phrases using the above expressions of similarity.

1 حاولت الدول الأوروبية تجَنُّب الأزمة الإقتصادية – ما وقع في الولايات المتحدة الأمريكية
2 سار الطالب – أستاذه
3 صنعت روسيا طائرة - الأمريكي

1.12 Probability الاحتمال 1.12

The following phrases are used to express uncertainty and probability.

من المحتمل أن – من المرجح أن – الأقرب إلى الظن أن

1 من المحتمل أن يزورنا صديقي هذه العطلة
2 من المرجّح أن يفوز فريق آرسنال على نظيره مانشستر
3 الأقرب إلى الظن أنه سيفوز بمسابقة هذه السنة

✓ أ. أتمموا الجمل التالية بعبارات الاحتمال المناسبة

A. Complete the following sentences with the appropriate expression of probability.

1 .... أن يلقي الرئيس خطابا بمناسبة عيد استقلال بلده
2 .... أن يزورنا صديقي اليوم
3 .... أنها ستشارك في المؤتمرالسنوي
4 ....يتم تأجيل اجتماع اليوم بسبب مرض الرئيس

CONSOLIDATION EXERCISES

✓ أ. أتمموا الجمل التالية بأدوات الربط المناسبة

A. Complete the following sentences with the appropriate connector.

1 حقّق تقدما رائعا فطلب منه أستاذه اتباع ....
2 .... فقد اختصر مكالمته في مقطعين أساسيين

3 .... في أن ما قاله صحيح رغم محاولة البعض التشكيك في طرحه
4 .... صديقي .... في أن السفر خارج البلد يعلم الطالب الاعتماد على النفس والاستقلالية
5 اعتبرت اللجنة طرحه .... لهذا رفضت نشر كتابه

ب. ضعوا مايلي في جمل مفيدة

B. Use the following in full sentences.

1 الأقرب إلى الظن أن ....
2 على غرار ذلك..
3 فشل فشلا دريعا ....
4 لا أشاطر الكاتب الرأي ....
5 لن أفيض في الحديث...

ج. اكتبوا فقرة تتضمن مايأتي: عبارات التعبير عن الرأي و الاحتمال والمثل

C. Write a paragraph containing expressions of opinion, probability and similarity.

....
....
....
....
....
....
....
....

1.13 Expressions for commenting on texts — 1.13 عبارات للتعليق على النصوص

The following expressions are used for commenting, narrating and reporting content of texts to listeners or readers. They can also be used for summaries of texts.

يتضمن هذا النص – يحتوي هذا النص على – يشمل هذا النص – ينطوي هذا النص على – يشتمل هذا النص على – ينمّ هذا الكلام عن – يتناول هذا النص – يحوي هذا النص – يتمحور هذا النص – يتكلم هذا الفيلم عن – تتمحور هذه القصة حول .

1 ينطوي هذا النص على قصة حقيقية عايشها الكاتب وهو صغير السن
2 يتضمن النص حكاية ألف ليلة وليلة
3 يشتمل هذا النص على تجربة الكاتب التي قضاها خارج بلده المغرب
4 يتناول هذا النص الأوضاع السياسية والاقتصادية في الشرق الأوسط

أ. استخدموا العبارات أعلاه للحديث عن قصة قرأتموها أو فيلم شاهدتموه

A. Use the above phrases to narrate a story from a book or a film.

....
....
....
....
....
....
....

1.14   Expressing certainty and insistence   الإصرار   1.14

The following phrases and verbs are used to express insistence and often certainty.

أؤكد على – ألح على – لابد من الاعتراف بـ – أقول دون أي شئ من الارتياب – الحق أقول – من الواضح أنّ – من الجلي أنّ – أصرّ على

1   ألحّ الأستاذ على ضرورة تسليم الأعمال المنزليّة في وقتها المحدّد
2   أكد وزير الخارجية البريطانيّ أن رئيس الوزراء يتمتع بصحة جيدة ويقضي فترة نقاهة
3   الحق أقول إن فريقنا كان ضعيفا هذه السنة
4   أقول دون أي شئ من الارتياب إن العلاقات البريطانية الإيرانية في تحسن مستمر
5   أؤكد على ضرورة التحلي بالصبر في الحالات الصعبة الشّاذة

أ. استعملوا العبارات أعلاه في جمل مفيدة من عندكم

A. Use the above phrases in sentences of your own.

....   1
....   2
....   3
....   4
....   5

1.15   Expressing your sentiments   التعبير عن الإحساس والشعور   1.15

The following phrases are used to indicate the speaker's feelings and sentiments.

قلق – منشرح الصدر – يشعر بالاكتئاب – مكدر المزاج – يشعر بالحزن والأسى – يشعر بالفرح والغبطة – يشعر بالإحباط

1 أنا قلق جدا من عدم حضوره في الوقت المناسب
2 سعيد منشرح الصدر لأنه نجح في الامتحان الأخير
3 هي تشعر بشئ من الإحباط لفشل ابنها في دراسته
4 كل العائلة تشعر بالاكتئاب لفقدان أب العائلة في حادثة سير
5 هي مكدرة المزاج اليوم لأنها اكتشفت أن زوجها في علاقة سرية مع امرأة أخرى.
6 يبدو العمال ناقمين بعد طردهم من العمل

أ. ضعوا ما يأتي في جمل مفيدة

A. Use the following in correct sentences.

مكدر المزاج - يشعر بالسرور/الارتياح / الفرح - يشعر بالانقباض/الغضب/الاكتئاب - قلق - مبتهج

1.16 Despite

1.16 الربط باستخدام : رغم Despite - بالرغم من على الرغم من Despite

1 حضر الطالب إلى الصف رغم مرضه
2 حضر الطالب إلى الصف بالرغم من مرضه
3 حضر الطالب إلى الصف على الرغم من مرضه

✓ أ. أتمموا الجمل الآتية باستخدام رغم - بالرغم من - على الرغم من

A. Complete the following sentences with رغم - بالرغم من - على الرغم من

1 .... فشله في الإمتحان الأخير فلم يفقد أمله في التفوق في حياته
2 .... بعده عنا فقد استطاع مساعدتنا كلما احتجناه
3 وقّع على الاتفاقية .... أنه لم يكن مرتاحا لأحد بنودها
4 سافر لزيارتها .... طلاقها منه

CONSOLIDATION EXERCISES

✓ أ. استخرجوا عبارات الإصرار وعبارات التعبير عن الإحساس من الفقرة التالية

A. Find out expressions of insistence and emotion in the following text.

أنهى جابر امتحانه السنوي وخرج مبتهجا راضيا عن أدائه في الامتحان. فرغم مرضه المزمن فقد استطاع بإرادته أن يتحدى كل العوائق الصحية. فبينما كان جُلُّ أصدقائه مكدري المزاج عبّر جابر عن ارتياحه لأدائه في هذا الامتحان الصعب، والغريب في الأمر أن جابر لم يشعر بالإحباط يوما في حياته. كلما تحدّثت إليه كلما أصر وبثقة على أن العزيمة القوية أساس النجاح والتفوق. والجلي من شخصيته أنه طالب متميّز وطموح. والحق أقول إنَّ أمثال جابر قليلون جدا في مجتمعنا.

ب. ضعوا ما يأتي في جمل مفيدة

B. Use the following in full sentences.

1 يتناول الكاتب ....
2 يتمحور هذا النص حول...
3 تحتوي هذه الفقرة على...
4 الحق أقول إن...
5 منشرح الصدر...
6 يشعر بالإحباط...

1.17 Other connectors — 1.17 روابط وتعابير أخرى

A

في هذا المقام – in this respect **وعلى صعيد آخر – الجدير بالذكر /تجدر الإشارة إلى** – it is worth mentioning **في هذا السياق** – in this context **في هذا الصدد** In this respect

عرفت آسيا الشرقية طوفانا غيّر حياة الملايين من البشر. **فعلى الرغم من** كل المحاولات لمساعدة منكوبي هذه الكوارث الطبيعية فلازالت الأغلبية تعيش بعيدا عن موطنها الأصلي. **وفي هذا الصدد** أودّ أن أشير إلى المساعدات الإنسانية التي قامت بها المنظمات الخيرية المنحدرة من كل أنحاء المعمور. **وتجدر الإشارة إلى** أن آلاف السكان لقوا حتفهم بسبب الطوفان الذي لم تكن له سابقة في تاريخ العصر الحديث.

B

لن .... مثلما – يمكن .... وذلك عن - قلّ أن ..... دون أن - عليك أن .... حتى

1 لن يفيدك الابتعاد عن المشكلة مثلما يفيدك أن تجد حلا لها
2 يمكن للطالب أن يطوّر أسلوبه العربي عن طريق القراءة المستمرة
3 عليك أن تمارس الدراسة المستمرة حتى تستطيع أن تحصل على نتائج جيدة
4 قل أن يتوفق الشخص في حياته المهنية دون مشاكل

1.18 Negation — 1.18 أدوات النفي المفردة

لم negates the present tense in Arabic, and as a consequence it takes a jussive (*sukun*) form. This form is reflected in the use of *sukun* in single forms, and the dropping of the ن in both the dual form and plural masculine forms.

1 **لم** : حرف نفي وجزم، وهي تدخل على الفعل المضارع وتحوله مجزوما. والجزم أنواع حسب نوع الفعل:
يجزم بحذف حركة الضمة فيصبح (لم يدرسْ)، والفعل المضارع المعتل الآخر يجزم بحذف حرف العلة **ينمو** تُصبح لم **ينمُ**...، والأفعال المضارعة الخمسة المتصلة بها ضمائر الرفع (ألف الاثنين، واو الجماعة، يا المخاطبة) فإنها ترفع و علامة رفعها ثبوت النون مثل: يدرسان، تدرسان، يدرسون ، تدرسون، تدرسين و تجزم وعلامة جزمها حذف النون).
لم يكتبا – لم يعملا – لم يدرسوا – لم تدرسي
لا: تنفي المضارع.

2 **لن:** تقوم بنفي المضارع وتنصبه بالفتحة في تصريفه المفرد ، وأمّا الأفعال الخمسة فتنصب بحذف نونها.

3 **ليس:** تعتبر من أخوات كان ؛ فهي تدخل على الجملة الاسمية (من مبتدأ وخبر)، فترفع الأول ويُسَمّى اسمها، وتنصب الثاني ويسمّى خبرها.

صياغة أدوات النفي   Negation in context

– لم+ فعل مضارع مجزوم...(فحسب) ، بل...(أيضاً).
لم يقم بزيارة أهله فحسب ، بل شارك في المؤتمر السنوي أيضا

– لم + فعل مضارع مجزوم..(فقط)، بل... (كذلك).
لم يقم بزيارة أهله فقط ، بل شارك في المؤتمر السنوي كذلك

– لا + فعل مضارع مرفوع...فحسب (فقط)، بل ..أيضاً.
لا يدرس فقط ، بل يعمل خلال وقت فراغه أيضا

– لن + فعل مضارع منصوب ... فحسب(فقط)، بل ... كذلك.
لن يدرسَ فقط ، بل سيعمل خلال وقت فراغه كذلك.

– ليس + جملة اسمية ... فحسب (فقط)، بل ..كذلك.
ليس هذا الطالب ذكيا فحسب ، بل ذو أخلاق عالية

☑ أتمموا الجمل الآتية بأدوات النفي المناسبة

A. Complete the following sentences with the appropriate expression of negation.

1 من ..... يعمل لن ينجح
2 .... التغيير ضروريا في هذا الوقت
3 ..... تتدخل فيما ...... يعنيك حتى .... تسمع ما .... يرضيك
4 .... يغيّر أسلوب تعامله معنا منذ زمن طويل
5 .... يحضر الدرس غدا لأن أمه مريضة جدا

<table><tr><td>**1.19**</td><td>**Exception**</td><td>أدوات الاستثناء</td><td>**1.19**</td></tr></table>

المستثنى بإلا

1 جاء أهل المدينة إلا سعدا
2 سقيت كل الفواكه إلا فاكهة
3 عادت الطيور إلا طائرا

The noun after *illa* is called *mustathna* (what is included) and the one before it is called *mustathna minhu* (what is excepted). In affirmative sentences and where the *mustathna minhu* is present, the *mustathna* is always *manssub* (accusative).

4 لم يلعب اللاعبون إلا لاعبا (لاعب)
5 ما حضر الأبناء إلى الحفل إلا واحدا (واحد)

If *mustathna* occurs in a negative sentence and *mustathna minhu* is present, the *mustathna* can either be accusative or take the same grammatical function as the *mustathna minhu*.

6 لا ينتصر إلا الشجاع
7 ما قطفت إلا الوردة

If the *mustathna minhu* is omitted from the sentences, then the *mustathna* will take the grammatical case according to its position in the sentence as if *illa* is not there.

المستثنى بغير وسوى

حكم "غير" و "سوى" في الاستثناء هو حكم المستثنى بإلا

1 جاء أهل المدينة غير سعد
2 سقيت كل الفواكه سوى فاكهة
3 لم يلعب اللاعبون غير لاعب

المستثنى ب"خلا وعدا وحاشا"

إذا تجردت خلا وعدا وحاشا من "ما" المصدرية وجب في المستثنى الجر والنصب:

1 **انهزم الجنود خلا (عداء حاشا) قائدهم**

- وإذا سبقتها "ما" المصدرية تعيّن كونها أفعالا، وكون المستثنى بها مفعولا به:

انهزم الجنود ما خلا (ماعدا) قائدهم.

المستثنى ب "ولا سيما"

- إذا كان المستثنى ب "ولا سيما" معرفة جاز فيه الرفع والجر:

  أكره الأعمال غير الأخلاقية ولاسيما النّميمة

- وإذا كان نكرة جاز فيه الرفع و الجرّ والنصب:

  أكره الأعمال غير الأخلاقية ولاسيما النّميمة

✓ أ. أكملوا ما يلي بمستثنى مناسب واضبطوه بالشكل:

A. Complete the following with appropriate مستثنى

1 في صفنا طلاب من كل البلدان إلا ....
2 فازت الطالبات سوى ....
3 حضرت الأسرة إلى الحفل ما خلا ....
4 اشتريت كل اللوازم المدرسية سوى ....
5 أحب أصدقائي كثيرا ولاسيما ....

1.20 Conditional particles — 1.20 أدوات الربط في الجمل الشّرطيّة

Conditional sentences in Arabic consist of two main clauses: the conditional clause and the answer clause of the conditional. There are two types of conditional, the likely and unlikely, both of which are introduced with different conditional particles.

- The unlikely condition is introduced by لو.
- The likely condition is often introduced by إنْ and إذا.

تتكون الجملة الشرطية من جزئين يكون لهما معنيان مختلفان لكن مرتبطان بأداة شرط تجعلهما جملة واحدة

أ- أدوات شرط جازمة: ويكون فعل الشرط وجواب الشرط فيها إما فعلاً ماضياً وإما فعلاً مضارعاً مجزوماً. وهي : إنْ، من، ما، مهما، متى، أين، أينما، أنّى،حيثما، كيفما، أيّ.

ب- أدوات شرط غير جازمة ويكون فعل الشرط وجواب الشرط فيها فعلاً ماضياً، وهي: إذا، كلما، لو، لولا.

تنقسم جملة الشرط إلى قسمين أساسين:
جملة الشرط وجواب الشرط تربط هاتين الجملتين أداة شرط.
ومن أساليب كتابة الجملة الشرطية أن تأتي الجملة منفية ، ويلاحظ أن أداة النفي التي تأتي بعد (إذا) و (إن) و(لو) هي (لم).

أمثلة:

1 هي طالبة مجتهدة لهذا سأساعدها كثيرا.
2 إذا كانت مجتهدة فسأساعدها كثيرا.
3 لو كانت مجتهدة لساعدتها.

✓ أ. أكملوا الجمل التالية بجواب الشرط المناسب

A. Complete the following sentences with the appropriate answering clause.

1 إن تحضروا دروسكم ....
2 متى تستمعوا إلى نصائح آبائكم ....
3 لو تعمل كثيرا ....
4 أينما تذهب ....
5 مهما تدرس ....

1.21 Particles of necessity — 1.21 استعمال (لا بُدَّ) في الربط بين الجمل

The use of **لا بُدّ** expresses necessity and obligation. It can be followed by different particles and prepositions, which do not affect its meaning.

لا بُدَّ: تعني يجب أو ينبغي وتدل على فعل الضرورة أو الاضطرار لفعل أمر ما

1 لا بُدّ أنّ + جملة إسمية (أنّ + الجملة الاسمية في محل رفع خبر لا).
لا بُدّ أنّ الطالب يعمل ما في جهده حتى ينجح

2 لا بُدّ أنْ + فعل مضارع منصوب.
لا بُدّ أن يعمل الطالب لكي ينجح

3 لا بُدّ من + مصدر:
لا بُدّ من العمل المستمر لتحقيق السلم والسلام في الشرق الأوسط

4 لا بدّ لـ+ اسم/ ضمير + (من) أنْ + فعل مضارع منصوب
لا بُدّ للطالب أن يعمل حتي ينجح

5 لا بُدّ لـ+ اسم/ ضمير + من + مصدر،
لا بُدّ لها من الصبر حتى ينجح زواجها

أ. اعطوا جملا تستعملون فيها لا بُدّ في الحالات التالية

A. Use **لابد** *in the following cases.*

1 لا بُدَّ أن ....

2 لا بُدَّ من + مصدر ....

3 لا بُدَّ لِ+ إسم / ضمير + من + مصدر...

4 لا بُدَّ لِ+ إسم / ضمير + (من) أنْ + فعل مضارع منصوب ....

CONSOLIDATION EXERCISE

أ. استخرجوا أدوات الربط الموجودة في النص الآتي

A. Find the connectors used in this text.

دقّ جرس المدرسة فدخل التلاميذ غير سعيد فقد تأخر عن موعد الدراسة. لم تكن هذه هي المرة الأولى التي تأخر فيها سعيد عن وقت الدراسة بل تمّ تحذيره مرات عديدة من عدم انضباطه. دعا مدير المدرسة والد سعيد للحضور إلى المدرسة لإطلاعه على تقدم سعيد. وفي اليوم التالي، حضر والد سعيد إلى المدرسة وهو لا يعلم سبب استدعائه ولأول مرة لمقابلة المدير. ظن أن الأمر مهم جدا. أبلغه المدير بعدم انضباط ابنه وأن المدرسة أخذت قرار فصله. أسف الأب وطلب من المدير منح ابنه فرصة ثانية، وأكد أنه لا بُدَّ من اتخاذ ظروف سعيد العائلية بعين الاعتبار. قَبِل المدير التماس الأب واتفقا على ضرورة مساعدة سعيد الذي فقد أمه وهو صغير السن.

1.22 Writing paragraphs — 1.22 كتابة الفقرات

What is a paragraph?

A paragraph in Arabic consists of a set of ideas linked in a coherent and cohesive way in the form of sentences. In literary Arabic texts, a paragraph can serve to support the main idea of the report or essay in a well-crafted manner. Its sentences and ideas should be well presented and linked.

What to include in a paragraph

The content of your paragraph should not be separated from the main idea of your essay or piece of writing. Once you have selected your main idea, you then need to start thinking of supporting ideas which you can elaborate in paragraphs in order to support your main idea and argument.

Consider the following example:

Main idea **التدخين مضر للصحة**

To support the main idea, we need sub-ideas to elaborate the main idea further. These supporting ideas will constitute paragraphs.

Paragraph 1: الإصابة بالسعل والصفرة

Paragraph 2: الإصابة بأمراض الرئة المزمنة

Paragraph 3: إلتهاب القصبات الهوائية وصعوبة التنفس

You will need to elaborate every supporting idea by giving examples or stating cases. Then, you will need to think of linking the paragraphs together by using some of the connectors we have introduced in earlier sections.

أ. اكتبوا فقرة عن فوائد السفر خارج الوطن

A. Write a paragraph on the advantages of travelling outside your country.

....
....
....
....
....
....
....
....
....
....
....
....
....
....
....
....

UNIT REVIEW EXERCISES

✓

1. اربطوا الجمل التالية باستخدام رغم أن

1. Connect the following sentences using رغم أن

1 نجح أحمد في الامتحان – كان الامتحان صعبا
2 التحقت أختي بمدرسة المعلمين – أختي تحب مدرسة الأطباء
3 لم يحس الأب بالراحة – استراح قليلا
4 كسب التاجر مالا كثيرا – التاجر باع قليلا
5 اختار قضاء العطلة في مدينته – أعطاه أبوه فرصة السفر خارج مدينته

✓ 2. اربطوا الجملتين بأحد الروابط المناسبة

2. Link the following sentences with appropriate conjunctions.

1 نجحت فاطمة في الامتحان - حصلت على المرتبة الأولى في صفها
2 يأخذ الراعي الأغنام إلى المزرعة - يجلس يعزف بمزماره ويستمتع بالطبيعة
3 أصاب الولد الغضب الشديد - فقدان قطته الجميلة

✓ 3. استخدموا الروابط المناسبة وصلوا الجمل التالية

3. Form a cohesive paragraph using the appropriate connectors.

1 استيقظ باكرا من النوم /استحم / ارتدى ملابسه الأنيقة / خرج إلى المدرسة / قضى اليوم كله في المدرسة/ عاد إلى البيت في المساء
2 كان أحمد راعيا ، يرعى الأغنام ، يأخذها قبل طلوع الشمس إلى المرعى حيث الأعشاب بعيدا عن القرية. كان أحمد يأخذ معه زاده اليومي من الطعام. يصاحبه كلبه ومزماره. في المرعى يجلس أحمد يعزف بمزماره بينما الأغنام ترعى والكلب يجري حولها. يقضي أحمد يومه مع أغنامه مسرورا مبتهجا. يعود في المساء متقدما قطيعه والإبتسامة تغمر وجهه.

✓ 4. أتمموا الفراغات التالية بروابط مناسبة من عندكم

4. Fill in the blanks with the appropriate connectors.

يدرس محمد .... خالد في نفس المدرسة............ يسكنان في نفس الحي. ينحدر خالد من عائلة ثرية .... محمد من عائلة فقيرة جدا. ذات يوم جاء محمد إلى المدرسة حزينا .... أباه فقد وظيفته .... إفلاس الشركة التي يعمل فيها. لاحظ خالد تغير مزاج محمد فسأله عن .... غياب ابتسامته. حكى محمد قصته لصديقه المخلص الذي بكى من شدة تعاطفه مع صديقه. فكر خالد مليا فطلب لقاء مدير المدرسة .... حكى له قصة صديقه محمد وطلب من المدير مساعدته. قبل المدير تشغيل أب محمد مؤقتا في المدرسة حتى يجد وظيفة مناسبة. فرح محمد بقرار المدير .... شكر صديقه خالد على اهتمامه.

5. كوّنوا فقرة بملئ الفراغات المناسبة

5. Form a paragraph by completing the blanks below.

أولا .... ثانيا.................... ثالثا .... وبالإضافة إلى ذلـك.......................... وعلاوة على ذلك.................... إلى جانب ذلك....................... زد على ذلك...

✓ 6. أتمموا الجمل التالية مستخدمين عبارات الإصرار المناسبة:

6 Use expressions of insistence to complete to the following sentences.

1 .... الوزير على محاربة الفقر في إفريقيا
2 .... مدرب الفريق فوز لاعبه بجائزة أحسن لاعب

3 .... الرؤساء على وقف العنف والرجوع إلى مائدة المفاوضات
4 .... إن هذا الطالب من أذكى الطلاب

✓ 7. اربطوا الجمل التالية مستخدمين عبارات الاستدراك

7. Link the following sentences using adversative conjunctions.

1 يُعَدّ جون من أذكى الطلاب - يعتبر مارك من أضعفهم
2 هطلت الأمطار بغزارة في أوروبا – ساد الجفاف القارّة الإفريقية
3 اتهمت روسيا الولايات المتحدة بالتدخل في شؤونها – نفى الرئيس الأمريكي ذلك
4 هاجرت خارج بلدها بحثا عن العلم والتعلم – لم تفلح في ذلك
5 ساعده أبوه في دراسته – لم يساعده بعد تخرجه
6 أكد الطالب أنه يحترم أستاذه – لا يتفق معه في الرأي

8. ضعوا مايلي في جمل مفيدة

8. Use the following in correct sentences.

لهذا السبب – وعلى صعيد آخر – على هذا المنوال – بيد أن – وعلى غرارذلك – من جهة ثانية – من المرجح أن – ومن جراء ذلك – لن أطيل في الشرح – لن أفيض في الحديث

9. استخدموا بعضا من الروابط أعلاه وكونوا فقرة متماسكة من الأفكار التالية:

9. Form a coherent paragraph using the appropriate connectors.

1 يتّجه النّاخبون إلى صناديق الاقتراع
2 ترحّب مراكز الاقتراع بالناخبين
3 يتّم الإدلاء بالأصوات في سريّة تامة
4 يتّم فرز الأصوات
5 إعلان المرشح الفائز

✓ 10. أكملوا ما يأتي بمستثنى مناسب ، واضبطوه بالشكل:

10. Complete the following sentences with the appropriate **مستثنى**

1 في بلادنا معادن كثيرة إلا..
2 نجا الجنود عدا...
3 غادرت الطائرات المطار ما خلا..
4 لم يحضر الطلاب إلا ....
5 ما كتبت سوى...
6 نجت الحيوانات غير ....
7 ما فشل إلا...
8 أحب الطلاب ولاسيما ....

9   فازت الفرق ما خلا ....

10 حضر الأساتذة عدا ....

11. عبّروا عما يأتي بأسلوب استثناء.

11. Use one of the following إلا – سوى – غير – ما عدا – حاشا *and change the following sentences.*

1   لم يشارك المريض الموظفين في الرحلة

....

2   فهمت القصة قبل كتابتها وبقي منها ثلاثة فصول

....

3   أقضي اليوم في العمل وأنام سبع ساعات

....

4   جاء الأصدقاء وتأخر سعيد

....

12. اكتبوا فقرة صغيرة تتضمن المستثنى بـ إلا – سوى – غير – ما عدا – حاشا.

12. Write a short paragraph containing the following: المستثنى بإلا

سوى – غير – ما عدا – حاشا

....
....
....
....
....
....
....

13. استعملوا مايلي في جمل مفيدة.

13. Use the following in correct sentences.

من جراء – لهذا الغرض – أما .... ف – رغم أن – قد + واو الحال – سواء كان .... أم .

14. اربطوا الجمل التالية باستخدام واو الحال.

14. Use واو الحال *to connect the following sentences.*

1   التقى بأهله – غمرته الفرحة الشديدة
2   رجع إلى بيتهم – لا يعرف نتيجة الامتحانات
3   زارت الطبيب – شاهدت أباها

15. غيّر الحال فيما يلي إلى جملة حال ✓

15. Replace the حال in the following sentences by جملة حال

1 خرج اللاعبون من الملعب منهزمين

....

2 رجع الطلاب إلى الجامعة فرحين

....

3 بدأ عمله اليوم محتارا بسبب غيابها

....

4 شاهدتهم متعبين

....

5 حضر الأبناء إلى البيت مسرعين

....

6 دخل الطبيب إلى المصحة مبتسما

....

7 رجع الزائرون إلى بلدهم متعبين

....

16. املؤوا الفراغات بـ: قبل أن – قبل – بعد أن – بعد ✓

16. Complete the blanks with one of the following: قبل أن – قبل – بعد أن – بعد

1 سيعطي محاضرته الأخيرة اليوم .... يغادر الجامعة.
2 سألتقي به .... وصوله إلى مطار محمد الخامس بالدار البيضاء.
3 زرناه .... سفره إلى إنجلترا لمتابعة دراسته
4 تمّ إعادة بناء العراق .... الحرب الأمريكية على هذا البلد
5 عاد إلى بلده .... أنهى دراسته بنجاح
6 عبّر لها عن حبه الخالص .... الزواج بها
7 اتصل بأهله .... سماعه بمرض والده
8 عيّن أستاذا بهذه الجامعة .... أنهى الدكتوراه

17. ترجموا مايلي إلى اللغة العربية

17. Translate the following into Arabic.

1 He wrote to her before leaving Morocco for Spain

....

2 He visited his friends before he joined the army

....

3 She accepted his marriage proposal before consulting her family

....

4 The committee postponed its annual meeting after receiving the news that the chairman was gravely ill.

....

5 He arrived back home after his mother had left.

....

✓ 18. املؤوا الفراغات باسم موصول مناسب

18. Complete the blanks with appropriate relative pronouns.

1 طالعت الكتاب .... اشتريت الأسبوع الماضي
2 الأستاذان .... عُيّنا في هذه الجامعة هما من أصل مغربي
3 الأطباء .... أجروا العملية سيحضرون المؤتمر الصحفي اليوم
4 قام بزيارة صديقه .... سجن مؤخرا بسبب خرق القانون.
5 الأم .... حصلت على جائزة أحسن معلمة انتقلت إلى جوار ربّها اليوم.
6 اشترى الأغراض .... طلبتها منه زوجته.
7 الولدان .... يلعبان خارج البيت هما ولدا جارنا.
8 درست المقالين .... نشرا في المجلة الأسبوع الماضي.
9 المديرة .... زارتنا تسكن في قريتنا.

✓ 19. استخدموا الروابط المناسبة لتكوين جملة مفيدة.

19. Link the following sentences using the appropriate connectors.

1 عدم اهتمامه بدراسته – فشله في الامتحان الأخير
2 كثرة الشغل – يعمل ليل نهار
3 مؤتمر الصحة العالمي – سافروا إلى الخارج
4 عُيّن نائبا للرئيس – مرضه المزمن

✓ 20. أكملوا الجمل التالية باستخدام أداة الشرط المناسبة

20. Complete the following blanks with the appropriate conditional particle.

1 .... تعمل كثيرا تصبح مرهقا
2 .... يحل الربيع يكثر الإخضرار
3 .... تزرنا نكرمك
4 .... تسافر تجد المحسنين
5 .... تذهب تجد اختلافا في طبائع الناس

12. اكتبوا فقرة صغيرة عن الانتخابات في بلدكم تستخدمون فيها عبارات الاستثناء والتعبير عن الشعور

21. Use expressions of exception and emotion in a paragraph about elections in your country.

....

....

....

....

....

....

....

....

....

....

22. اكتبوا موضوعا قصيرا عن رحلة قمتم بها خارج بلدكم ، حاولوا استخدام الروابط المذكورة أعلاه

22. Write a paragraph on a trip you have made or would you like to make overseas, using the connectors you have studied so far.

....

....

....

....

....

....

....

....

....

....

UNIT 2 LETTER WRITING

الوحدة الثانية: كتابة الرسائل

The development of technology and modern means of communication in the Arab world are not available to everyone. The vast majority of people still rely on traditional means of communication such as letters. Writing and receiving letters is highly valued in Arabic culture. Arabic society is very cohesive by its nature, and maintaining contact, or what is called *ṣilat arraḥim* is a duty of every individual. Writing letters in Arabic can be different from, say, the way we write letters in English, especially personal letters. Here's how to write letters in Arabic.

2.1 Personal letters — 2.1 رسالة شخصية

Personal letters are written to friends, family and relatives. They are often considered informal. One of the characteristics of personal letters is information about the welfare of the addressee. In Arabic culture it is appropriate to ask about one's health, family and friends in great detail. In some personal letters greetings are extended to every member of the family. Modern Standard Arabic remains the language used in personal letters.

1 علام تحتوي الرسالة الشخصية؟
2 اعطوا بعض التحايا التي يمكن استعمالها في أول الرسالة
3 متى كتبت آخر رسالة شخصية ولمن؟

اقرؤوا الرسالة التالية الموجهة من سعيد إلى صديقه محمود وأجيبوا عن الأسئلة أسفله

The following letter is written by Said to his friend Mahmood; read it and answer the questions below.

التاريخ والمكان

تحية المرسل

تحية افتتاح الرسالة

الجزائر في 23 أكتوبر 2019

صديقي العزيز محمود

تحية طيبة وبعد،

يسعدني أن أخُطَّ لك هذه السطور لأعبر فيها عن شوقي لك ولعائلتك الكريمة.

كما تعلم صديقي لقد وصلت إلى بريطانيا العظمى لإستئناف دراستي العليا. بريطانيا بلد يختلف اختلافا كليا عن بلدنا الجزائر. هناك اختلاف كبير في العادات والتقاليد والممارسات الاجتماعية. أغلب الشعب البريطاني شعب مسيحي رغم وجود أقليات مختلفة لها عاداتها وتقاليدها الخاصة. لقد قابلت أناسا كثيرين وارتحت لمعاملتهم واحترامهم لي ولعاداتي وتقاليدي.

زرت مدنا عديدة منها لندن ومانشستر وبرمنغهام. أعجبتني مدينة لندن كثيرا وأحببت تنوع الثقافات والحركة المستمرة فيها.

الطقس في بريطانيا بارد للغاية ، لكن كل البنايات مجهزة بوسائل التدفئة ولهذا لا نشعر بالبرد ونحن داخل البنايات. أما مستوى الحياة في بريطانيا فهو جيّد جدا، لكن مستوى المعيشة غال جدا.

أتمنى أن تجدكم رسالتي القصيرة هاته في أحسن الظروف و الأحوال.

تحية اختتام الرسالة

صديقكم المخلص

سعيد

اختتام الرسالة

أ. اقرؤوا الرسالة التالية بإمعان واستخرجوا مايلي:

A. Read the above letter carefully and find the following:

1 هيكل الرسالة
2 العبارات المستخدمة في الرسالة والتي يمكن الاستفادة منها في كتابة رسائل أخرى مشابهة

ب- أجيبوا عن الأسئلة التالية

B. Answer the following questions.

1 من هو كاتب الرسالة؟

....

2 ماهو البلد الذي زاره الكاتب؟

....

3 قارن الكاتب الوضع في الجزائر وبريطانيا ، فماذا قال؟

....

4 هل أحب الكاتب البلد الجديد؟

....

ج- استخرجوا من النص العبارات التي تعبّر عن مايلي

C. Find the following from the letter.

1 تحية افتتاح الرسالة
2 عبارات اختتام الرسالة

هيكل الرسالة:

The structure of a letter

تتكون الرسالة من الهيكل التالي

A letter consists of the following main headings:

- تاريخ كتابة الرسالة — Date of writing a letter
  - اليوم – الشهر – السنة

  10 آب (أغسطس) 2019
- تحية المرسل إليه — Greeting the addressee

  عزيزي /عزيزتي – صديقي الحميم / صديقتي الحميمة – أخي العزيز/أختي العزيزة – حبيبي / حبيبتي – أخي الكريم /أختي الكريمة

- تحية الافتتاح — Opening greeting

تحية طيبة وبعد ، – أطيب التحيات وبعد ،- تحية طيبة مباركة ، – السلام عليكم ورحمة الله ، يسعدني ويشرفني أن أكتب لك هذه الرسالة ، - أنا سعيد كل السعادة وانا أخُطُّ لك هذه السطور- إنه لمن دواعي الفرح والسرور أن أكتب لك هذه الرسالة

- مضمون الرسالة — Main body of the letter
  - تحية النهاية — End greeting

مع أطيب تمنياتنا لكم ....
إلى اللقاء القريب في رسائل أخرى
وختاما تقبلوا محبتي لكم
بلغ تحياتي إلى جميع الأهل والأحباب
أترككم في أمان الله وحفظه
والسلام عليكم ورحمة الله

- النهاية:

المخلص / المخلصة
حبيبك المحب
والدتك الحنونة
ابنكم المطيع
أخوكم البار
صديقكم الوفي

- توقيع الرسالة — Signature

The following is a summary of the structure of a personal letter:

التاريخ : ....

تحية المرسل إليه: عزيزي /عزيزتي ....

تحية الإفتتاح: تحية طيبة وبعد، الحمد لله...

....
....
....
....
....
....

الموضوع:

....
....
....
....
....
....

تحية النهاية:

مع أطيب تمنياتي لكم ولأسرتكم الكريمة .

الخاتمة: صديقك المخلص (ة)

التوقيع: نديم الشعراوي/ كريمة ماجد

1 اكتبوا رسالة شخصية إلى عائلتكم أو أصدقائكم تحدثونهم فيها عن أحوالكم الشخصية

Write a personal letter to your friends, describing your personal circumstances.

2 اكتبوا رسالة شخصية لزملائكم في الصف تحدثونهم فيها عن زيارتكم لبلد في الشرق الأوسط.

Describe a visit you made to the Middle East in a letter to your friends.

2.2 Letter of congratulation — 2.2 رسالة تهنئة

Letters of congratulation are written in Arabic to celebrate personal achievements, religious occasions, such as Eid El-fitr and Eid Al-Adha, and national days, i.e. national days of independence, etc. The letter should be designed to express your happiness and congratulations to the recipient. Arabic letters of congratulation usually contain some religious phrases such as thanking the Lord for the occasion in question.

Tips on writing effective letters of congratulation

- There are ways of celebrating happy events with friends, family members or relatives.
- They should express your delight as well as praise the recipient.
- They should not be too emotional in expressing your congratulations.

1 علام تحتوي رسائل التهنئة؟
2 ماهي المناسبات التي نكتب فيها رسائل التهنئة؟

الكويت في 2019/09/10

عزيزي سعيد ،

تحية طيبة مفعمة بالحب والإخلاص

يطيب لي أن أبعث لكم هذه الرسالة لأقدم لكم أجمل تحياتي وتهاني الخالصة الممزوجة بالفرح والسعادة بمناسبة نجاحكم الباهر في الامتحان الجامعيّ الأخير.

لم يكن يشوبني أدنى شك في حصولكم على هذه النتيجة السارّة. لقد شمّرتم عن ساعد الجد والاجتهاد خلال سنوات دراستكم. أتمنى لكم حظا سعيدا في الحصول على وظيفة مناسبة في المستقبل القريب.

وختاما، أسأل الله أن يحفظكم ويرعاكم ويمتعكم بالصّحة والعافيّة.

أخوكم
حليم

✓ أ. اقرؤوا الرسالة أعلاه واستخرجوا منها عبارات التهنئة

A. Find the expressions of congratulation used in the above letter.

1 ....
2 ....
3 ....
4 ....

ب- اقرؤوا الرسالة أعلاه وأجيبوا عن الأسئلة التالية

B. Answer these questions from the above letter.

1   حدّد المرسل في الرسالة التالية؟

....

2   لمن كتبت الرسالة؟

....

3   ما هو موضوع الرسالة؟

....

4   بماذا اختتمت الرسالة؟

....

ج- حدّدوا هيكل الرسالة أعلاه

C. Analyse the structure of the above letter.

....

....

....

....

....

....

....

....

....

....

The following are some of the expressions used in letters of congratulation.

مقدمة:
تلقيت نبأ نجاحكم بكل فرح وبهجة
بمشاعر الغبطة والسرور تلقيت دعوتكم حضور حفل زفاف (سعيد و خديجة)
أنتهز هذه الفرصة الغالية لأعبّر عن تهاني الحارّة بفوزكم بجائزة ....
يطيب لي أن أبعث لكم بتهاني القلبية
يفرحني أن أبعث لكم بتهاني الخاصة بمناسبة زفافكم

خاتمة:
وختاما أكرّر تهاني الحارّة لكم
وفي الختام اسمحوا لي أن أعبّر عن فرحتي وسعادتي لخبركم هذا
وتقبلوا تحياتي المفعمة بالحب والإخلاص

وتقبلوا أجمل تحياتي وتهاني الخالصة الممزوجة بالفرح والسعادة
وتقبلوا بقبول أخلص التمنيات والتّهاني
لازالت حياتكم عامرة بالأفراح والمسرّات

د. اكتبوا رسالة تهنئة إلى أحد أصدقائكم بمناسبة زواجهم – استخدموا العبارات أعلاه

D. Use the above expressions to write a letter of congratulation to your friends on the occasion of their marriage.

2.3 Responding to a letter of congratulation الرد على رسالة التهنئة 2.3

بيروت، 15 أبريل 2019

صديقي الفاضل جعفر:

تحية طيبة وبعد،

أودّ أن أشكركم جزيل الشكر على رسالتكم التي تكرمتم بإرسالها بمناسبة ترقيتي إلى عميد الكلية. لقد بينتم من خلال رسالتكم اللطيفة عن صدق أخوتكم وصداقتكم المتينة.

ويسرني أن أخبركم أني قد باشرت عملي في المنصب الجديد. فأرجو من الله العلي القدير أن يوفقني ويجعلني فاتح خير لهذه المؤسسة.

مرة أخرى تقبلوا شكري وامتناني وأتمنى لكم السعادة والسرور في حياتكم.

أخوكم
حليم

أ- إقرؤوا الرد أعلاه وأجيبوا عن الأسئلة التالية

A. Answer the following questions from the above letter.

1 ماذا تضمّن الردّ على الرسالة؟

....

2 ما سبب شكر جعفر لحليم؟

....

3 هل مارس حليم عمله الجديد؟

....

4 بماذا اختتم حليم رسالته؟

....

....

ب. أكتبوا رسالة تهنئة:

B. Write a letter of congratulation.

أ. لصديق حصل على الدكتوراه أو شهادة دراسية
ب. لأحد أفراد العائلة بمناسبة ترقية في الشغل
ج. بمناسبة زفاف أحد الأصدقاء

2.4 Love letter 2.4 رسالة حب

1 لمن يتمّ كتابة رسالة حب؟
2 متى كتبت آخر رسالة حب ولمن؟

We write love letters to beloved friends, relatives and parents. In these letters we express our feeling of love to the recipient. Love letters are written to express how much we miss our beloved ones.

Before you commence writing your letter make sure you select vocabulary which will enable you to express your emotions and feelings of love.

1 **Presentation.** A well-presented letter can add to its substance. Make sure your letter is clearly written.
2 **Greeting.** Choose your greetings carefully. The Arabic language offers a wide range of these:

عزيزتي .... / حبيبتي....... عزيزي / حبيبي

3 **Beginning.** Indicate the reason for writing him/her such a letter. Be caring and choose good reasons that will make your partner feel more appreciated.

عندما رجعت إلى بيتي ولم أجدك أمامي.....................
غيابك عن أنظاري..

4 **Body.** Express your feelings of love towards your beloved wife, parents, friends, etc. Indicate how important they are in your life. Use romantic and attractive language. Incorporate some poetry in your letter if you can.
5 **Closing.** End your love letter with a carefully drafted statement in which you express your everlasting love.

أتمنى أن يبقى حبنا أبديا رغم البعد

The following letter expresses the writer's sentiments and love towards his wife, Nadia.

Sample 1 نموذج 1

ليدز في 16 فبراير 2020

زوجتي العزيزة نادية،

قد تزول الأيام وتتعاقب الفصول والأعوام ولا تبقى سوى البصمات مسطرة على ورقة التاريخ. قد تكون أياما جميلة حلوة تجعل قلبك ينشرح كلما عادت الذاكرة إلى الوراء وقد تكون أياما مرّة تجعلك تحزنين كلما تذكرتها. لقد رجعت إلى أوروبا ومعي تلك الذكريات الغالية التي جعلتني أفكر فيك كل لحظة وكل ثانية. الحياة بدونك ياغالية تبقى صعبة والأيام بعيدا عنك تبقى طويلة.

رغم انشغالاتي الدائمة إلا أني لم أستطع أن أنساك رمشة عين.

أتمنى أن تكوني عزيزتي في أحسن الأحوال والظروف. سيأتي يوم مشهود نلتقي فيه لنحكي عن ذكرياتنا الغالية من جديد.

أتمنى أن يبقى حبنا أبديا رغم البعد.

زوجك الغالي

عزيز

أ. استخرجوا العبارات التي تدل على الحب في الرسالة أعلاه

A. Find the expressions of love in the above letter.

1 ....

2 ....

3 ....

4 ....

ب. اقرؤوا الرسالة أعلاه مرة أخرى وأجيبوا عن الأسئلة التالية ✓

B. Answer the following questions from the above letter.

1   من أين كتبت الرسالة؟

....

2   من هو كاتب الرسالة؟

....

3   كيف يصف الكاتب الحياة بعيدا عن زوجته؟

....

4   ما هي تمنيات الكاتب؟

....

ج. حدّدوا هيكل الرسالة أعلاه

C. Analyse the structure of the above letter.

....

....

....

....

....

....

....

....

....

....

....

....

....

....

عبارات التعبير عن الحب يمكن استخدامها شفهيا وكتابيا:

Expressions of love

1 إن هواك في قلبي يضيء العمر إشراقا .

2 اذا لم تجمعنا الأيام جمعتنا الذكريات واذا القلب لم يرك فالعين لن تنساك

3 سأظل أحبك ولو طال انتظاري فإن لم تكن قدري فأنت اختياري

4 اذا أحبك مليون فأنا منهم واذا أحبك واحد فهو انا واذا لم يحبك احد فأعلم أني مت.

5 انتظرت ولما طال الانتظار أرسلت أحلى المعاني تقول لا تغب يا غالي

6 أحبك يا أحلى من كل البشر يا توأم الروح و أقرب من نبضي ودمي وهواي.

7 جمال الليل بنظرة عيونك ونور البدر مرسوم بجفونك وكل الكون لا يعني شيئا من دونك

8 الشمس ترسل حبا ذهبيا والقمريرسل حبا فضيا وأنا أرسل لك حبا أبديا

9 صحيح رسالة منك تفرحني وسماع صوتك يريحني لكن نظرة منك تساوي كل عمري

http://forums.graaam.com/61452.html

Sample 2 نموذج 2

تحية عطرة وسلاما زاكيا

إن كان الحب قدرا فأنت قدري

إن كان الحب خيارا فأنت اختياري

إليك أيتها الفتاة التي ملكت قلبي وأسرت فؤادي وتحكمت في أحاسيسي ومشاعري ، إليك حبيبتي أبعث باقات من زهور العمر محملة بعطر المحبة ، حبيبتي لقد عرفت أن للحب لذة وللحياة معنى وذلك عندما أحببتك ، لقد نما حبك بداخلي حتى تملكني فصرت أسيرا في ذلك الحب.

حبيبتي إني أحمل في داخلي كل متناقضات العالم من أمل ويأس وفرح وحزن وسعادة وشقاء، فأنا سعيد بحبك شقي لبعدك.

لقد انتشلتني من عالم الأحزان الذي أنا فيه فإذا بحصان حبك ينقلني من عالم الأرض إلى جنة السعادة التي تظللها سماء حبك الطاهر.

حبيبتي إني لا أخفيك بأن قلبي كان صحراء قاحلة ولكن عندما أحببتك تحولت تلك الصحراء القاحلة إلى جنة غناء يرويها حبك ويرعاها طيفك.

حبيبتي أريد أن أصرخ بأعلى صوت ، أريد أن أكتب بكل أقلام العالم : أحبك

http://www.3oyoon.com/love/love1.htm

✓ أ. أجيبوا عن الأسئلة التالية

A. Answer the following questions.

1 ما هي المتناقضات التي يحملها الكاتب في داخله؟

....

2 كيف يصف الكاتب عالمه قبل الالتقاء بحبيبته؟

....

3 يقارن الكاتب إحساسه بصحراء وجنة ، ماذا يقول؟

....

4 استخرجوا عبارات الأمل والسعادة من النص؟

....

5 استخرجوا عبارات اليأس والحزن من النص؟

....

ب. ترجموا مايلي إلى اللغة الإنجليزية

B. Translate the following into English.

1 حبيبتي لقد عرفت أن للحب لذة وللحياة معنى وذلك عندما أحببتك

....

....

2 أحمل في داخلي كل متناقضات العالم من أمل ويأس وفرح وحزن وسعادة وشقاء فأنا سعيد بحبك شقي لبعدك.

....

....

3 حبيبتي أريد أن أصرخ بأعلى صوت ، أريد أن أكتب بكل أقلام العالم : أحبك

....

....

ج. اكتب/ي رسالة حب لحبيبك/حبيبتك تحكي فيها عن حبك وشوقك لها وأنت بعيدا/ة عنه/ها
د. أكتب/ي رسالة حب لوالدك أو والدتك تعبّر/ي فيها عن فراقك وشوقك لهم

2.5 Letters of condolence — 2.5 رسالة تعزية

Key tips on writing letters of condolence

- Date your letter.
- Keep it short and concise.
- Use your religious conviction to comfort the mourners.
- Express your sympathy and sorrow to the person who has suffered the loss.
- Include short prayers for the deceased.

1 ما هي المناسبات التي نكتب فيها رسالة تعزية؟
2 ما هو محتوى رسائل التعزية؟
3 ما الفرق بين رسالة تعزية ورسالة التهنئة؟

Structure of a condolence letter هيكل رسالة تعزية

Addressee

أخي الفاضل حسن

Greeting

السلام عليكم ورحمة الله وبركاته
تحية طيبة ، وبعد

Content

Arabic condolence letters, expressing sorrow and sympathy to a friend or a relative who has suffered loss, tend to contain religious phrases. Start with genuine expressions of sorrow and sadness. The following expressions are often used here:

1 ببالغ الأسى والحزن وبقلوب مؤمنه بقضاء الله وقدره ، تلقيت خبر وفاة فقيدكم ، أشاطركم ألمكم وأحزانكم بهذا المصاب الجلل برحيله وأتقدم إليكم بتعازينا القلبية الحارّة
2 بقلب مفعم بالأسى والحزن تلقيت نبأ وفاة جدكم المكرم
3 بمزيد من الحزن والحسرة ....
4 إنه لمن المؤلم جدّا سماع خبر انتقال والدكم المعظم إلى جوار ربه

Then, assure the recipient that this is part of the human cycle, or if the recipients have strong religious convictions, remind them that this is part of the faith and that the deceased is laid to rest in happiness and peace.

أذكرك أخي .. أنه ما من عبد تصيبه مصيبة فيقول : "إنا لله وإنا إليه راجعون ، اللهم أجرني في مُصيبتي واخلف لي خيراً منها " إلا آجره الله تعالى في مصيبته وأخلف له خيراً منها"

End your letter with a line or two asking the mourners to be strong and patient.

1 وأتمنى أن يلهمك وأهلك وكافة أفراد أسرتك الكريمة جميل الصبر والسلوان والسكينة وحسن العزاء.
2 أسأل الله أن يلهمكم الصبر ، وإنا لله وإنا إليه راجعون
3 وفي الختام أكرّر تعازينا الحارّة راجين الله عز وجل أن يسكن الفقيد فسيح جنانه
4 وختاما ، نتضرّع إلى الله أن يتغمد الفقيد برحمته

Sign your letter التوقيع على الرسالة

Sample 1 نموذج1

الرياض في 2019/09/15

أخي الفاضل حسن

السلام عليكم ورحمة الله وبركاته

تحيّة طيبة ، وبعد

ببالغ الأسى والحزن وبقلوب مؤمنه بقضاء الله وقدره ، تلقيت خبر وفاة جدكم ، أشاطركم ألمكم وأحزانكم بهذا المصاب الجلل برحيله، وأتقدم إليكم بتعازينا القلبية الحارّة ، وبمشاعر المواساة والتعاطف الأخوية المخلصة، سائلا الله تعالى أن يتغمد الفقيد العزيز بواسع رحمته ويسكنه فسيح جناته، وينعم عليه بعفوه ورضوانه."إنا لله وإنا إليه راجعون"

أذكرك أخي .. أنه ما من عبد تصيبه مصيبة فيقول :

" إنا لله وإنا إليه راجعون ، اللهم أجرني في مُصيبتي واخلف لي خيراً منها " إلا آجره الله تعالى في مصيبته
وأخلف له خيراً منها" وأتمنى أن يلهمك وأهلك وكافة أفراد أسرتك الكريمة جميل الصبر والسلوان والسكينة
وحسن العزاء.

أخوك
سليم

أ- اقرؤوا الرسالة أعلاه وأجيبوا على الأسئلة التالية

A. Read the above letter and answer the following.

1   متى كتبت الرسالة وأين؟
....

2   ما سبب كتابة الرسالة؟
....

3   بماذا بدأ الكاتب الرسالة؟
....

4   استخرجوا المعاني التي تعبّر عن الحزن والألم في الرسالة؟
....

5   تتضمن الرسالة دعاء للميت ، ما هو هذا الدعاء؟
....

6   بماذا اختتمت الرسالة؟
....

ب – اشرحوا العبارات التالية وترجموها إلى اللغة الإنجليزية

B. Explain the following expressions and provide their equivalent in English.

1	أشاطركم ألمكم	= ....
2	المساواة والتعاطف	= ....
3	فسيح الجنان	= ....
4	الصبر والسلوان	= ....
5	أتضرع إلى الله أن يغفر لفقيدكم	= ....
6	إنا لله وإنا إليه راجعون	= ....

ج. علقوا على اللغة المستخدمة في الرسالة

C. Comment on the language in the above letter.

....

....

....

....

....

....

....

Sample 2 نموذج 2

أ. اقرؤوا الرسالة التالية وترجموها إلى اللغة الإنجليزية

A. Translate the following letter into English.

بني ملال 2020/06/06

بسم الله الرحمن الرحيم

أخي الفاضل حميد العروسي

السلام عليكم ورحمة الله وبركاته

لقد آلمنا نبأ وفاة أمكم ، وفجعنا الخبر ، فإنا لله وإنا إليه راجعون
أخي ، أحسن الله عزاءك وعظم الله أجرك ، إن لله ما أخذ وله ما أعطى وكل شيء عنده بأجل مسمى ، فلتصبر ولتحتسب ، نرجو الله أن يغفر لها ، وأن يرحمها ، وأن يسكنها فسيح جناته وألهمك وإخوتك الصبر والسلوان.

أخوكم المخلص

الملالي ابراهيم

ب. اكتبوا رسالة تعزية بمناسبة وفاة أحد الأقرباء

B. Write a letter of condolence to a relative.

2.6 Letter of apology 2.6 رسالة اعتذار

1 لماذا نكتب رسالة اعتذار؟
2 متى كتبت آخر رسالة اعتذار؟

Why a letter of apology is so important in Arabic

As in any language, writing an apology in Arabic shortly after the offence can rebuild the existing relationships between people. Arab people tend to accept apology and forgive the offender. This is based on their belief that forgiveness should be granted to people who commit an offence or did wrong.

In your letter of apology try to express sincere regret for what has happened. Make sure that your usage of the Arabic language reflects your genuine apology. Your choice of

Arabic vocabulary is vital here. Avoid using generic terms that can be seen as unapologetic. Show that you are entirely to blame and that you made a mistake which should not have happened.

How to write a letter of apology in Arabic

Do not forget Arabic greetings at the beginning:

تحية طيبة وبعد ، - أطيب التحيات وبعد ،- تحية طيبة مباركة ، - السلام عليكم ورحمة الله

أكتب إليك والقلم يتفطر خجلا بين

Express your apology at the beginning of the letter:

أناملي ؛ لأخبرك بأني لم أصادف في نتيجة الامتحان النهائي ما كنت أرجوه وأبتغيه

Describe clearly the reasons for your apology (what you did wrong).

فقد خانني الحظ ، ولم أفلح في دراستي ، وعاد زملائي بشهاداتهم مرفوعي الرأس ، وعدت أنا خالي الوفاض . والدي : لقد ترددت كثيرا قبل كتابة هذه السطور إليك والتي تحمل خبر فشلي في امتحانات هذه السنة. أخبرك بأني لم أوفق هذا العام بنيل الشهادة ، إلا أنني أعتذر لك بأن سبب رسوبي لا يرجع إلى تهاوني وكسلي بل إلى الظروف الصعبة التي مررت بها هذه السنة.

Affirm clearly in your letter that you will not repeat the same action and, if possible, give proof of how you will do this.

أعاهدك والدي بأني سأعمل كل ما في جهدي لأتجنب خيبة الأمل هذه وأن أعمل بكل جد واجتهاد للحصول على نتيجة مسرّة السنة القادمة.

Promise improvement in the future.

وسوف ترى من النتائج في العام المقبل ما يرضيك إن شاء الله تعالى

Ask forgiveness one more time.

وأخيرا أرجو أن تسامحني على تقصيري ، وإلى لقاء قريب مع الفوز إن شاء الله

Sample نموذج لرسالة اعتذار

الرباط في 2019/07/13

سيدي الوالد الأجَلُّ : أطال الله بقاءه

السلام عليكم ورحمة الله ، وبعد :

اكتب إليك والقلم يتفطر خجلا بين أناملي ؛ لأخبرك بأني لم أصادف في نتيجة الامتحان النهائي ما كنت أرجوه وأبتغيه . فقد خانني الحظ ، ولم أفلح في دراستي ، وعاد أصحابي بشهاداتهم مرفوعي الرأس ، وعدت أنا خالي الوفاض.

والدي : لقد تردّدت كثيرا قبل كتابة هذه السطور إليك والتي تحمل خبر فشلي في امتحانات هذه السنة. أخبرك بأني لم أوفّق هذا العام بنيل الشهادة ، إلا أنني أعتذر لك بأن سبب رسوبي لا يرجع إلى تهاوني وكسلي بل إلى الظروف الصعبة التي مررت بها هذه السنة.

أعاهدك والدي بأني سأعمل كل ما في جهدي لأتجنب خيبة الأمل هذه وأن أعمل بكل جدّ واجتهاد للحصول على نتيجة مسرة السنة القادمة.

وسوف ترى من النتائج في العام المقبل ما يرضيك إن شاء الله تعالى. وأخيرا أرجو أن تسامحني على تقصيري ، وإلى لقاء قريب مع الفوز إن شاء الله .

ولدكم البار ..../

أ. اقرؤوا الرسالة أعلاه واستخرجوا عبارات الاعتذار في الرسالة والتي يمكن الاستفادة منها في كتابة رسائل أخرى مشابهة

A. Read the above letter and find the expressions of apology which might be useful for writing such letters.

....

....

....

....

....

....

....

....

ب- اقرؤوا الرسالة أعلاه وأجيبوا عن الأسئلة التالية

B. Read the above letter again and answer the following questions.

1   عن ماذا اعتذر كاتب الرسالة؟
....

2   ماهي الأسباب التي قدّمها كاتب الرسالة لتبرير اعتذاره؟
....

3   ما هو الوعد الذي قدّمه كاتب الرسالة لأبيه؟
....

4   هل يبدو الكاتب متفائلا في تغيير ما وقع؟
....

ج- اشرحوا العبارات التالية

C. Give synonyms for the following.

1   خانني الحظ   = ...
2   مرفوع الرأس   = ...

3 خالية الوفاض = ...

4 خيبة الأمل = ...

5 نتيجة مسرّة = ...

6 تقصير = ...

د. تخيّلوا أنكم ارتكبتم خطأً باتهام صديق لكم بفعل شيء لم يقم به. اكتبوا رسالة تعتذرون فيها عن فعلكم غير الصائب.

D. Write a letter of apology to a friend of yours, apologising for offending him/her.

2.7 Responding to a letter of apology — 2.7 الرد على رسالة اعتذار

Acknowledge receipt of the letter and its content.

ولدي العزيز فقد وصلتني رسالتك الأخيرة والتي تحمل خبر رسوبكم هذه السنة وعدم الحصول على شهادة

Express your feeling towards the content of the letter.

فأحسست بالألم والحزن وأنا أقرأ خبر رسوبكم هذه السنة ، لكن الأعذار التي قدمتها تبدو حقيقية و تخفف من الملامة الموجهة اليك . دعني أواسيك وأشجعك على الصبر والعمل الجاد حتى تفوز السنة القادمة إن شاء الله. فاعلم يا بني أنك ما زلت صغير السن ولك القدرة والوقت الكافي لاستدراك ما فاتك.

Provide advice on how to improve the situation.

أرجو أخيرا ألا تفقد ثقتك بنفسك ، واعمل واجتهد ، فمن جدّ وجد ومن زرع حصد.

Sign the letter.

أ. اكتبوا رسالة لبعضكم البعض تعتذرون عن خطأ قمتم به

A. Write a letter of apology to a friend you have upset.

....

....

....

....

....

....

....

....

....

....

2.8 Writing a letter of complaint — كتابة رسالة شكوى 2.8

1 متى نكتب رسائل شكوى؟
2 هل سبق لك أن كتبت رسالة شكوى؟
3 ما هي التعابير التي تستخدم في كتابة رسائل الشكوى؟

Tips on how to write a letter of complaint

1 Be concise and to the point.
2 Be calm and control your language.
3 Explain clearly the issues you are not happy about and provide documents to substantiate your concerns.
4 Include your own details in the letter.

Sample **نموذج**

القاهرة في 2019/08/07

سعادة مدير البنك المركزي .... المحتـرم

السلام عليكم ورحمة الله وبركاته، وبعـد:

أكتب لكم لأعبر وببالغ الأسف عن عدم ارتياحي للمعاملة غير اللائقة من طرف أحد موظفيكم. فبينما كنت بصدد فتح حساب بنكي في فرعكم رفض الموظف المعني بهذه الخدمة مساعدتي وذلك بحجة أنه ليس لي دخل شهري منتظم. لقد حاولت شرح موقفي وإبلاغ موظفكم بأني فلاح ومدخولي غير منتظم. رغم أنني أعلم جيدا أن فتح حساب بنكي لا علاقة له بالمدخول الشهري فإن موظفكم بدأ واثقا أن ذلك من شروط فتح حساب. ورغم كل محاولتي لإقناعه لم يبد أي اهتمام وكأني لست ابن هذا البلد.

سعادة المدير، لقد طال الوقت ومللت الذهاب والإياب من أجل خدمة بسيطة أرى أنها من حقوق الوطنية. لهذا أرجوكم التدخل لحل مشكلتي وأخذ الإجراءات اللازمة في حق موظفكم غير المتعاون.

مع فائق الاحترام

خالد المرجاوي

التوقيع

✓ أ. اقرؤوا الرسالة أعلاه وأجيبوا عن الأسئلة التالية:

A. Answer the following questions from the above letter.

1 من هو كاتب الرسالة؟

....

2 ما سبب كتابة الرسالة؟

....

3 هل كان كاتب الرسالة مرتاحا لنوع الخدمة المقدمة له؟

....

4 استخرجوا العبارات والكلمات التي تدل على ارتياح أو عدم ارتياح الكاتب للخدمة المقدمة؟

....

Useful expressions for writing letters of complaint	عبارات تستخدم في كتابة رسائل الشكاوي

1 أكتب لكم لأعبّر عن عدم ارتياحي للمعاملة غير اللائقة من طرف أحد موظفيكم

2 ببالغ الأسى أودّ أن أخبركم عن عدم رضانا للخدمة المقدمة من طرف شركتكم

3 نكتب لنخبر سعادتكم بأننا نتعرض يوميا لمعاملة سيئة من نائبكم

4 ..... نشكو من عدم مهنية أحد موظفيكم عندما تركنا ننتظر وهو يتحدث لأغراض شخصية على الهاتف.

5 نودّ أن نخبر سعادتكم عن خيبة ظننا بالخدمة التي تلقيناها أمس في جامعتكم أثناء زيارتنا لصديق هناك.

ب. اكتبوا رسالة شكوى إلى مدير بنككم تعبّرون فيها عن عدم رضاكم لجودة الخدمة المقدمة في بنككم المحلي.

B. Express your discontent with the quality of service in a letter to your bank manager.

ج. اكتبوا رسالة شكوى وقارنوها برسالة شكوى مكتوبة باللغة الإنجليزية. قارنوا اللغة المستخدمة وهيكل الرسالتين.

C. Write a letter of complaint in Arabic and compare it to one written in English. Discuss the structure and language used in both letters.

....

....

....

....

....

....

....

....

....

....

....

....

....

2.9 Letter of application — 2.9 طلب وظيفة

1 ما هي التحايا التي نستعملها عند كتابة طلب وظيفة؟
2 ما هي أهم النقاط التي تتضمنها رسالة طلب وظيفة؟
3 ما الفرق بين رسالة طلب وظيفة والرسالة الشخصية؟

Sample 1 — نموذج1 لرسالة طلب وظيفة

التاريخ : 2019/08/21

سعادة مدير التعليم بالمنطقة الداخلية

وزارة التربية والتعليم

الرباط – المغرب

السلام عليكم ورحمة الله وبركاته ،

أما بعد :

لقد قرأت في الصحف المنشورة بأنكم في حاجة إلى أساتذة متخصّصين في اللغة الفرنسية. أفيد سعادتكم أنني أحد أبناء هذا البلد ، وحاصل على شهادة الماجستير في اللغة الفرنسية وآدابها من جامعة محمد الخامس بالرباط وهي الجامعة نفسها التي حصلت منها على شهادة البكالوريوس في التخصص نفسه.

وبعد تخرجي اشتغلت أستاذا مساعدا بأحد الثانويات الخاصة بمدينة الدار البيضاء. وهذا أتاح لي الفرصة لحضور دورات تدريبية مكثفة في طرق التدريس.

وأرغب أن أكون عضوا في هيئة التدريس بمنطقتكم . وستجدون برفقة هذا الطلب صوراً من مؤهلاتي الدراسية وسيرة ذاتية. داعياً الله أن يوفقني وإياكم ، والله يحفظكم ويرعاكم .

العنوان
ص. ب مقدم الطلب

أ. اقرؤوا الرسالة أعلاه وأجيبوا بصحيح أو خطأ:

A. Are the following statements true (✓) or false (✗)?

1 ☐ تمّ الإعلان عن الوظيفة في شبكة المعلومات العالمية
2 ☐ سبق لصاحب الطلب أن عمل في وظيفة مناسبة
3 ☐ حصل طالب الوظيفة على شهادة الدكتوراه من جامعة محمد الخامس
4 ☐ حضر صاحب الطلب دورات تدريبية
5 ☐ لم ترفق أي وثائق مع الطلب

The structure of a letter of application — هيكل رسالة طلب وظيفة:

Tips for writing a letter seeking employment

1 Address the employer in a courteous manner.
2 Note that the title is often preceded by حضرة - معالي, and is followed by المحترم - المكرم
3 Clearly specify your qualifications.

4 Pitch yourself as an employee with a wealth of experience and the specific skills needed for the job.
5 Be specific and show professionalism through the selection of your words.
6 Enclose your qualifications and documents, including your CV.
7 Provide your full contact details.

طلب الوظيفة should contain the following elements.

البداية – التاريخ – إسم وعنوان المرسل إليه – تحية الافتتاح – موضوع الرسالة – تحية الخاتمة – التوقيع – المرفقات.

التاريخ:	الرباط في 2019/08/21
المرسل إليه:	معالي وزير الشغل المحترم
تحية الافتتاح:	السلام عليكم ورحمة الله وبركاته
الموضوع:	
تحية النهاية:	وتفضلوا بقبول فائق الإحترام
التوقيع:	فريد بهلاوي
اللقب والمكانة المشغولة	د. فريد بهلاوي مدير شركة الفوسفاط

Sample 2 نموذج 2

التاريخ:

الأفاضل/ (المكان الموجه له)/ مكتب التوظيف.

السلام عليكم ورحمة الله و بركاته،

الموضوع: **طلب وظيفة**

يسرّني أن أتقدم بطلبي هذا لوظيفة .... أو أي من الوظائف التي ترونها مناسبة لتخصصي في (مثال) الأدب الانجليزي الحاصلة عليه من كلية .... ، بالإضافة إلى مؤهلاتي الأخرى وهي:

1- دورة في اللغة الفرنسية

2- دورة في برامج الكمبيوتر الشامل

3- فترة تدريبية بشركة ....تضمنت

* أعمال الطباعة باللغتين العربية و الانجليزية.
* أعمال الترجمة للرسائل الواردة للشركة و الصادرة منها.
* الأعمال المكتبية الأخرى.

مع العلم بأنني أرفق مع طلبي هذا نسخا عن جميع أوراقي الدراسية و الثبوتية المتضمنة ما يلي:

1 السيرة الذاتية.

2 شهادة دبلوم ....

3 كشف درجات المواد من الكلية.

4 شهادة الثانوية العامة ، وشهادة حسن وسير السلوك.

5 شهادة دورة اللغة الإنجليزية.

6 تقرير دورة الكمبيوتر الشامل.

7 إفادة من .... إذا سبق وأن تدربت عند أي جهة خاصة أو حكومية.

8 نسخة من جواز السفر

9 نسخة من البطاقة الشخصية.

راجية من الله التوفيق وأن أحظى بموافقتكم على طلبي هذا، وأعدكم ببذل كل ما أملك من جهد و طاقة لأكون عند حسن الظن بي، و فقنا الله و إياكم لخدمة وطننا الغالي.
وتفضلوا بقبول وافر الاحترام و التقدير، https://www.almuheet.net/75975/

ب - أتمموا الرسالة التالية بالمرادفات المناسبة:

B. Complete the following letter with the appropriate words and expressions.

سعادة مدير شركة الفسفاط السلام عليكم و ....

يسرّني أن .... بطلبي هذا لشغل وظيفة .... في أحد فروع .... المحترمة. حصلت على .... بكالوريوس في .... اللغة الإنجليزية من كلية .... ، بالاضافة الى .... الأخرى وهي:

- دورة في اللغة الفرنسية
- فترة .... بشركة ....تضمنت
- أعمال الطباعة باللغتين العربية و الإنجليزية.
- أعمال الترجمة للرسائل الواردة للشركة و الصادرة منها.
- الأعمال المكتبية الأخرى.

مع العلم بأنني .... مع طلبي هذا .... عن جميع أوراقي الدراسية و الثبوتية المتضمنة ما يلي:

1 .... الذاتية.
2 شهادة دبلوم ....
3 كشف درجات للمواد التخصصية من الكلية.
4 شهادة الثانوية ....، وشهادة حسن و................ السلوك.
5 نسخة من جواز...............
6 نسخة من .... الشخصية.

راجية من .... أن .... بموافقتكم على طلبي هذا، وأعدكم ببذل كل ما أملك من جهد و طاقة لأكون عند حسن الظن بي، و فقنا الله و إياكم لخدمة وطننا الغالي.

وتفضلوا بقبول ....

2.10 Writing a curriculum vitae — كتابة السيرة الذاتية 2.10

Your CV should be attached to your letter seeking employment. Below is some information on what to include in your CV.

1 متى تحتاج لكتابة سيرة ذاتية؟
2 علام تحتوي السيرة الذاتية؟

تقدم السيرة الذاتية غالبا في حالة طلب وظيفة أو الترقي من منصب لآخر
تتضمن السيرة الذاتية المعلومات التالية:

1 **معلومات عن الشخص**
- الاسم الكامل
- اللقب
- تاريخ الميلاد
- مكان الميلاد
- الجنسية
- رقم جواز السفر
- مكان صدور الجواز
- الحالة الإجتماعية
- السن
- الحالة الصحية

2 **الإنجازات العلمية (الشهادات)**
- سرد أهم الشهادات التي حصل عليها المرشح وتبدأ من أعلى شهادة دراسية

3 **الخبرة العلمية:** الأعمال والوظائف التي تمّ القيام بها
4 **اللغات:** الإدلاء باللغات التي يتقنها المرشح
5 **الإنتاج العلمي** (المؤلفات) الكتب - البحوث والمقالات التي نشرت وفي طريق النشر
6 تسمية أشخاص للرجوع إليهم كمراجع. يجب إعطاء المعلومات التالية عن هؤلاء

الأشخاص:

الاسم	الوظيفة
العنوان	رقم الهاتف

7 **عنوان صاحب السيرة**
- عنوان الإقامة الدائم : العنوان البريدي
- عنوان العمل: العنوان البريدي
- رقم الهاتف
- البريد الإلكتروني إذا وجد

إعلان عن وظيفة ترجمة

تعلن وزارة الخارجية عن فتح باب الترشيح لوظيفة في الترجمة من اللغة العربية إلى الإنجليزية:

للمزيد من المعلومات حول شروط و كيفية الترشيح ، الرجاء الاتصال بوزارة الخارجية البريطانية بلندن.

أ. اكتبوا رسالة طلب وظيفة مرفقة بسيرة ذاتية للترشح للوظيفة أعلاه

A. Apply for the above post and include a letter of application letter and CV.

2.11 Letter of resignation — 2.11 رسالة استقالة

1 متى يتمّ كتابة رسائل استقالة؟
2 ما هي التعابير التي تتضمنها رسائل الاستقالة؟

What your letter of resignation should include

Express your thanks to your employer for the opportunities you have been given during the employment.

بادئ ذي بدء أودّ أن أتقدم لسيادتكم بالشكر الجزيل والتقدير على مساعدتكم ودعمكم لي طوال وقت عملي في شركتكم المحترمة

اسمحوا لي أن أقدم خالص شكري وامتناني على مساعدتكم ودعمكم المتواصل لي خلال فترة عملي في هذه الشركة المحترمة

أولا أودّ أن أغتنم الفرصة للتعبير عن شكري وتقديري على مساعدتكم المستمرة لي خلال مدة عملي ....

Include the reasons for your resignation. Make sure that you do not mention anything negative about the company and your employer. Arab people are sensitive and any negative criticism may affect your future career, as the letter of resignation will be kept in your employment file.

- أحيطكم علما أنه ونظرا لأسباب عائلية وأخرى شخصية فقد قررت الاستقالة من منصبي
- أفيدكم بأنه نظرا لأسباب خاصة لا يمكن البوح بها فإني أتقدم لسيادتكم باستقالتي من منصبي في الشركة
- لدوافع شخصية وعائلية ملحة فإني أتقدم بطلب استقالتي من عملي في جامعتكم

Say when you are leaving.

أرجوا أن تتقبلوا استقالتي اعتبارا من اليوم/الشهر/السنة

Sample of a letter of resignation — نموذج لرسالة استقالة:

التاريخ : 2019/11/25 م

السـادة المحتـرمون

الأسـتاذ / المحتـرم

السـلام عليكـم ورحمـة اللـه وبركاتـه......

أولا، أتقدم لسيادتكم بجزيل الشكر والتقدير على مالقيته من دعم متواصل وحسن معاملة منكم شخصيا ، ومن زملائي الأفاضل خلال فترة عملي في هذه الشركة ما كان له الأثر الطيب في نفسي .

وأفيدكم بأنه نظرا لظروف شخصية فانني وبكل مافي النفس من مشاعر أخوة ومحبة أتقدم لسيادتكم باستقالتي من العمل من شـركة ......, وأرجو منكم التكرم بقبول استقالتي هذه وذلك اعتبارا" من 2019/11/30 .

وإذ أنني أنتهز هذه الفرصة لأعبّر لكم عن شكري وامتناني لتعاونكم معي لإنجاح الأعمال الموكلة لي طوال فترة تواجدي داخل الشركة داعيا المولى عزّ وجل أن أكون قد وُفِّقت في عملي منذ التحاقي بالعمل معكم ، كما أسأله جلت قدرته بأن يكتب لنا ولكم التوفيق والنجاح و أن يوفقكم إلى الخير والتقدم والرقي للشركة ، شاكرا لكم تعاونكم الدائم ورحابة صدركم .

وتفضلوا بقبول فائق الاحترام والتقدير

مع تمنياتي لكم بمزيد من التقدم والازدهار.

مقـدم الطلب

....

التوقيـع :

أ. أجيبوا عن الأسئلة التالية

A. Answer the following questions.

1 بماذا ابتدأ الكاتب رسالته؟

....

2 ماهي دوافع استقالة كاتب الرسالة؟

....

3 ماهو آخر يوم عمل لكاتب الرسالة؟

....

4 بماذا اختتم كاتب الرسالة رسالته؟

....

ب. ترجموا مايلي إلى اللغة الإنجليزية

B. Translate the following into English.

1	الشكر والتقدير	= ....
2	دعم متواصل	= ....
3	مشاعر الأخوة	= ....
4	حسن المعاملة	= ....
5	التقدم والرقي	= ....
6	انتهز الفرصة	= ....

ج. اكتبوا رسالة إستقالة من لجنة التمثيل الطلابي بجامعتكم إلى رئيس القسم.

C. Write a letter to the head of your school, resigning from your role as a student representative.

2.12   Writing e-mails   2.12   كتابة الرسائل الإلكترونية

Writing e-mails in any language and culture follows almost the same guidelines.

Subjects   عنوان الرسالة

Give the message a subject/title. The subject is the starting point or the main topic that gives the recipient an idea about the content of the e-mail. The subject should reflect the substance of the e-mail, and where possible be very specific.

Greetings   التحية

Greetings are crucial in Arabic culture and it is considered rude to start an e-mail with the name of the recipient. In formal correspondence, make sure you address the recipient with his/her title. It can be regarded as impolite or offensive if titles are dropped or if senior or older people are addressed by their first name.

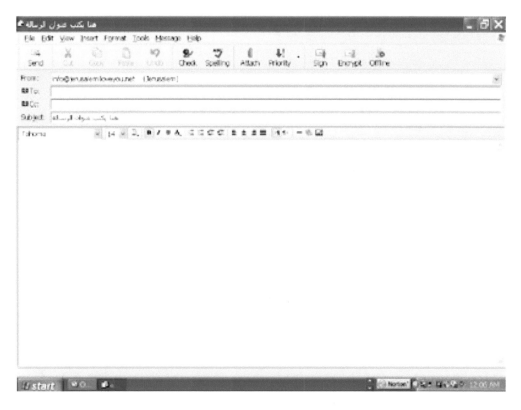

Purpose   الهدف

Make sure the recipient knows the purpose of your e-mail.

Action

As mentioned above, make sure you use phrases and sentences that are deemed polite.
Thank the recipient for taking time to read your message.

Attachments   الملفات المرفقة

Make sure the recipient is aware of any attachment. It is highly recommended that you
refer to the attachment in the body of your e-mail. Provide information if needed about
the attachment. It is recommended that you attach the attachment as soon as you write
about it in the body of your email. Too frequently e-mails are sent without their promised
attachments.

Endings   النهاية

End your message with a polite note. There are many greetings in Arabic which serve this
purpose (see section 2.1 for more greetings) .

Names   الإسم

Make sure you sign your e-mail using your name and, where possible and if appropriate,
your role.

أ. اكتبوا رسالة إلكترونية إلى أستاذكم تطلبون فيها مساعدته لكم في فهم أحد الدروس

A. Write an e-mail to your teacher asking for academic help.

2.13 Writing a memorandum 2.12 كتابة مذكرة

What is a memo **مذكرة**?

It is a message written on a hard-copy document. It is used as a means of communication within companies and organisations. The memo should be dated and both the sender and recipient should be clearly marked. It also contains a subject heading and a message space.

Memos consist of the following sections:

'To' إلى section includes the name of the receiver. Most of the memos in Arabic are formal; therefore, it is crucial to pay attention to the titles and names of receivers. Make sure you address the receiver by his/her full name and title:

الأستاذ جواد الكرماوي

'From' من section contains the name of the sender. Make sure the full name and title of the sender are included. Avoid using first names only. It is considered a matter of respect to include the sender's title and full name. السيدة لطيفة العبراوي

'Date' section التاريخ. Use the Arabic date system, write the month in Arabic.

Subject heading الموضوع. Make sure you provide a title for your memo.

Signature التوقيع. This is not compulsory.

من	**د. الخالدي نجيب - عميد كلية الآداب**
إلى	**كل أساتذة الكلية المحترمين**
التاريخ	**10 يناير 2019**
الموضوع	**تسجيل الطلاب الجدد**
أود أن أخبركم أن عددا كبيرا من الطلاب سيلتحقون بالكلية هذه السنة. أرجو من كل الزملاء تقديم المساعدة والخدمة الأكاديمية لهؤلاء الطلاب حتى يستقروا في أقسامهم. أشكركم مقدما على تعاونكم وجهدكم في هذا الشأن. د. الخالدي	

أ. اكتبوا مذكرة لأحد أساتذكم تخبرونهم فيها بطلب اجتماع عاجل

A. Write a memo to your teacher requesting an urgent meeting.

2.14 Examples of adverts — 2.14 نماذج لإعلانات

Obituaries — نماذج إعلانات وفاة على الجرائد

نقابة المحامين المغربية
تنعي بمزيد من الحزن والأسى
المرحوم المحامي
سعد فرحات
تغمده الله واسع رحمته وألهم أهله الصبر

====================================

رؤساء الجامعات
رؤساء ونواب الجامعات
ينعون بخالص الحزن والأسى الزميل
المرحوم
حسن العرباوي
ويسألون المولى عز وجل أن يتغمده فسيح جنانه

==

انتقل الى رحمة الله تعالى المرحوم نجيب الحداوي عن عمر يناهز "65" عاما ، وقد شيّع جثمانه
أمس من مسجد الأمناء تغمد الله الفقيد بواسع رحمته

==

Good wishes — إعلانات مناسبات التهنئة

ينتهز اتحاد نقابة الصحفيين فرصة حلول رمضان الكريم
للتعبير عن خالص التهنئة لكل الصحفيين
راجيا من الله جل جلاله أن يعيد هذه المناسبة على الجميع بالخير واليسر والبركات

أ. اكتبوا إعلان تهنئة بمناسبة حلول عيد رأس السنة

UNIT 3 STYLISTIC EXPRESSIONS AND VOCABULARY

الوحدة الثالثة: عبارات أسلوبية

The following unit offers a wide range of expressions in their contexts. They are designed to equip learners with a variety of expressions and phrases relevant to specific themes. Their usage in contextual sentences allows learners to capture the meaning of these expressions and phrases in their appropriate context.

3.1 Care and attention to detail — 3.1 عبارات التفصيل والدقة:

Here are some expressions used to express detail.

على وجه التفصيل in detail, at great length
أعطى الزائر محاضرة رائعة ووقف **على وجه التفصيل** على إيجابيات وسلبيات العولمة

على وجه الدّقة in great detail
لو فهمنا على وجه الدقة الأسباب والدوافع التي أدت إلى هجرتهم خارج البلد لوضعنا حدّا لهذه الظاهرة.
قدر كبير من great deal of
هذا الأستاذ على **قدر كبير من** العلم والتعلم

على الوجه الأكمل to the best of one's ability
قام **أستاذنا بعمله** على الوجه الأكمل

على جانب كبير من a great deal of
كان **على جانب كبير من** الأهمية

على مايرام as well as one could possibly wish; in excellent order
الطالب المجتهد دائما يقوم بعمله على أحسن **مايرام**

بحث المسألة طردا وعكسا to study a problem from all sides; in all its aspects
بحثت الشرطة شكواه **طردا وعكسا**

أ. ضعوا مايلي في جمل مفيدة

A. Use the following in a sentence.

1 قدر كبير من الأهمية

....

2 على أحسن ما يرام

....

3 بحث المسألة طردا وعكسا

....

4 على وجه الدّقة

....

5 على جانب كبير من

....

6 على الوجه الأكمل

....

3.2 Expressing hard work and effort — 3.2 عبارات للتعبير عن الجهد

These expressions are often used to express hard work and effort.

بذل قصارى جهده exert every conceivable effort
بذل الطالب قصارى جهذه للحصول على المرتبة الأولى في جامعته.

شمّر عن ساعد الجد to buckle down to a job
شمّر الطالب **عن ساعد الجد** والاجتهاد في محاولة لتحقيق نتائج دراسية مقبولة

إخلاص وتفان devotion and dedication
يقوم الفلاح بعمله بكل **إخلاص وتفان** في العمل

أطفأ جذوة يومه وأحرق فحمة ليله العمل to work day and night
هذا العامل يعمل كثيرا فهو **يطفئ جذوة يومه ويحرق فحمة ليله** في العمل

منكب على embarked upon
انكب الطالب **على** دراسته قبل الامتحان

روح المسؤولية والانضباط essence of responsibility and discipline
رسّخ الأب في أولاده **روح المسؤولية والانضباط** منذ سنّ الصغر

الكدّ والجدّ hard work
الكدّ والجدّ أصل نجاح كل مثابر

عن ظهر قلب by heart
يحفظ بعض المسلمين القرآن الكريم **عن ظهر قلب**

جنى ثمار أتعابه to reap the fruits of one's efforts
جنى الفلاح **ثمار أتعابه** خلال فصل الشتاء الممطر

بكامل طاقته all his efforts
يعمل الطالب جادّا **بكامل طاقته** للحصول على معدّل جيّد في امتحانه السنوي الأخير

أ. أتمموا الجمل التالية بالمفردات والتعابير المناسبة

A. Complete the following sentences with the appropriate words and phrases.

1 ينجز هذا الطالب عمله ....
2 طلب الأستاذ منا حفظ المفردات ....
3 بذل الرئيس قصارى .... لمساعدة الأسر الفقيرة
4 يتميز الجندي بـروح .... و ....
5 جنى الطالب .... أتعابه عندما حصل على المرتبة الأولى
6 بذل كامل .... لإقناع الطرفين للرجوع إلى طاولة المفاوضات

3.3 Expressing emotion — 3.3 عبارات للتعبير عن الإحساس

شاطره المسرة to share someone's joy
شاطر الزوج زوجته **مسرة** زواج أخيها

السّرّاء والضّراء in good and bad times
هذا الرجل يحمد الله في **السّرّاء والضّراء**

متقلب الأطوار wavering/vacillating
الطقس في بريطانيا **متقلب الأطوار**

ضلوعي لا تنحني على ضغن I harbour no grudge/I feel no resentment
رغم كل ما قامت به ضدّي من تشويه **فضلوعي لاتنحني على ضغن**

بمزيد من الأسف with the greatest regret
أعرب الرئيس **بمزيد من الأسف** عن مرض وزيره

بمزيد من الارتياح with extreme satisfaction
عبّر الأمين العام للأمم المتحدة **بمزيد من الارتياح** عن التقدم المحرز في حل المشكل الإيراني النووي

على أحرّ من الجمر on pins and needles, on tenterhooks; in greatest suspense
ينتظر الطلاب **على أحرّ من الجمر** نتائجهم السنوية

أغرى العداوة بين to cause/cite enmity
نظرا لكرهه لها فقط **أغرى العداوة بينه** وبينها

حلب الدهر أشطره experienced good and bad days
يناهز عمر جدّي التّسعين من العمر فقد **حلب الدهر أشطره**

انفطر بالبكاء to burst into tears
انفطر زوجها **بالبكاء** عندما تذكر الأيام التي قضاها معها وهي على قيد الحياة

ضرب على الوتر الحسّاس to touch on a sensitive spot
يبدو أن الأستاذ **ضرب على الوتر الحسّاس** عندما أشار إلى الأخطاء الفادحة التي ارتكبها الطلاب

عن طيب خاطر most willingly, with pleasure
تبرّع عن **طيب خاطره** بمبلغ مالي لمساعدة المحتاجين في هذه المدينة الصغيرة

تغلق قلبك be emotionless
شارك الناس مشاعر أحزانهم ولا **تغلق قلبك**

مشاعر السّخط feeling of unease
عبّر الرأي العام العربي عن **مشاعر سخطه** لتفاقم البطالة في أغلب البلدان العربية

ممّا يحزّ في النفس أنّ the sad thing is
ومما يحزّ في النفس أنهم ذهبوا وتركوه لوحده

بكى بحرقة cried in agony
بكى الطفل الصغير **بحرقة** من شدة الألم الذي أصابه في بطنه

اغرورقت العيون بالدموع eyes were bathed with tears
اغرورقت عيناها بالدموع عندما سمعت خبر فراق حبيبها لها

أ. ضعوا مايلي في جمل مفيدة

A. Use the following in complete sentences.

1 حلب الدهر أشطره

....

2 انفطر بالبكاء

....

3 ضرب على الوتر الحساس

....

4 مشاعر السخط

....

5 على أحرّ من الجمر

....

6 بكى بحرقة

....

7 اغرورقت العيون بالدموع

....

3.4 Expressing progress — 3.4 عبارات للتعبير عن تحسن ملموس

تقدم خطوة فخطوة progress or advance step by step
تقدم الطالب **خطوة فخطوة** في دراسته

وقف على ساق الجد لـ take pains in; make every effort to
وقف كل الأطراف **على ساق الجد** لنجاح هذه التظاهرة الثقافية العالمية

أعطى نتائج مثمرة Pay off
أعطى المؤتمر **نتائج مثمرة** فيما يتعلق بالتبادل التجاري بين البلدين

نمو صاروخي phenomenal growth
عرف الاقتصاد البريطانيّ في عهد حزب العمال **نموّا صاروخيّا**

أ. استخرجوا من الفقرة التالية عبارات التعبير عن تحسن ملموس

A. Find expressions of progress in the following paragraph.

رغم كل مجهوداته لتحقيق نتائج جيدة ورغم تقدمه خطوات إلى الأمام ، فإنه لم يستطع تحقيق كل ما يصبو إليه. حبّه وإخلاصه للعمل جعله يظل واقفا على ساق الجد والاجتهاد و قد أعطى هذا المجهود نتائج مثمرة.

3.5 Failure and disappointment — 3.5 عبارات وأفعال للتعبير عن الخيبة والفشل

رجع بخفي حنين to return with empty hands
رجع الفريق **بخفي حنين** بعد هزيمته في الألعاب العالمية لكرة القدم

طريق مسدود deadlock
وصلت المفاوضات حول البرنامج النووي الإيراني إلى طريق مسدود أمس.

لم يفلح failed in
لم يفلح الطرفان في إقناع إيران للتّخلي عن برنامجها النّووي

فشل في failed in
فشل الطالب في امتحانه الأخير

خاب في failed in
خاب في محاولته الأخيرة الهادفة لتحطيم الرقم العالمي في القفز على الحواجز

عجز عن failed in
عجز الأب عن إقناع ابنه في التخلي عن عدم الزواج بها

رسب في failed in
رسب الطالب في امتحان البكالوريا مرتين

✓ أ. استخدموا العبارات التالية في جمل من عندكم

A. Use the following expressions in meaningful sentences.

1 رسب في ....
2 فشل في ....
3 أصابه الفشل ....
4 وصل إلى الطريق المسدود ....
5 لم يفلح في ....
6 خاب في ....

CONSOLIDATION EXERCISES

✓ أ. أتمموا الجمل التالية بأحد العبارات المناسبة

A. Complete the following sentences with the appropriate expression.

1 يقوم الأستاذ بعمله ....
2 بحث مجلس الأمن القضية ....
3 بذلت كل .... للحصول على الدكتوراه
4 هذا الجندي يتمتع بروح ....
5 أمرنا الأستاذ بحفظ الأبيات الشعرية ....
6 وأخيرا استطاع أن يجني .... بعد حصوله على وظيفة جيدة

ب. اكتبوا فقرة صغيرة تتضمن عبارات الجهد والاجتهاد وعبارات الدقة والتفصيل

B. Write a paragraph using expressions of effort and detail.

....
....
....
....
....
....
....

| 3.6   Time and age | 3.6   عبارات للتعبير عن الوقت والدهر |

منذ نعومة أظافره since his childhood
لم يحب السفر خارج مدينته وكان هذا طبعه **منذ نعومة أظافره**

بين حين وحين/من حين إلى حين/من حين لآخر from time to time
تقوم بزيارة أمها من **حين لآخر**

طوى صفحة الماضي to break with the past
بدأ البلدان علاقات دبلوماسية جديدة وقرّرا **طيّ صفحة الماضي**

آل المطاف به إلى to end with; arrive eventually at
لم أرها منذ زمن طويل لكني سمعت أن **المطاف آل بها** إلى العمل في شركة أجنبية في لندن

في ريق الشباب in the full bloom of youth
تزوجها وهو في **ريق شبابه**

عنفوان الشباب in the prime of youth
التحق بالجيش وهو في **عنفوان شبابه**

في الوقت الذي at a time when
في الوقت الذي كنت فيه مشغولا بدراستي كان أخي يلعب مع أصدقائه

بين يوم وليلة over a night
لم يحدث كل هذا **بين يوم وليلة** بل هو تراكم لأحداث كثيرة

منذ أمد بعيد for a long time
لم أره **منذ أمد بعيد**

خطه الشيب his hair turned grey
لم أره منذ زمن طويل لقد **خطّ الشيب** رأسه

دخل في خبر كان/كان في خبر كان to belong to the past
تبقى منجزاته من **خبر كان**

في القريب العاجل in the immediate future
أتمنى لك الشفاء في **القريب العاجل**

عاجلا أو آجلا sooner or later
ستتم محاكمته **عاجلا أو آجلا**

أبد الدّهر forever
وعد بدفاعه عن الحريات العامة **أبد الدّهر**

عريق في القدم deep-rooted
الأهرامات المصرية معالم تاريخية **عريقة في القدم**

مرور الوقت with the passing of time
لا تحزن ستتأقلم مع الوضع الجديد مع **مرور الوقت**

أ. أتمموا الجمل التالية

A. Complete the following sentences.

1 واعدنا أن يزورنا ....
2 مع .... سينسى ما قام به صديقه من عمل عدائي تجاهه
3 لم أره منذ .... بعيد
4 عاد إلى بلده وقد .... رأسه
5 وعدهم بتحسين مستوى المعيشة بين ....
6 بعد تقلده مناصب راقية .... إلى العمل في شركة صغيرة وبراتب أقل مما كان
يتقاضى وذلك بسبب تورطه في قضية المحسوبية
7 تحقيق النجاح الباهرلا يتم .... بل بالعمل الجاد الدائم وغيرالمنقطع

3.7 Economy and trade — 3.7 أفعال وعبارات اقتصادية وتجارية

وقّع على to sign
وقّع الرئيسان **على** اتفاقية التجارة الحرة بين البلدين

ركّز على to focus on
ركز الرئيس **على** ضرورة محاربة المخدرات في البلد

انخفض decreased
انخفض معدل الطلب على المياه في الإمارات بنحو 10% العام الماضي

أبرم عقدا held agreement
أبرمت الخطوط الجوية المغربية **عقدا** مع شركة بريطانية لشراء طائرات

ارتفاع الأسعار surge of prices
ارتفعت أسعار البترول بسبب إيجاد طاقات بديلة

مكافحة الهجرة السرية combating illegal immigration
خصصت الحكومة البريطانية حوالي مليوني جنيه **لمكافحة الهجرة السّرية** للبلد

هبط سعر الدولار the value of the dollar went down
هبط سعر الدولار الأمريكي بعد أحداث الحادي عشرمن سبتمبر

خفض الضرائب reduce taxation
وعد حزب المحافظين البريطاني **بخفض الضرائب** في حال فوزه بالانتخابات العامة

سدد الديون pay off debts
سدّدت الدول الإفريقية أغلب **ديونها**

استثمر to invest
استثمر الأغنياء أموالهم في القطاع الخاص

انتعش الاقتصاد boost the economy
انتعش الاقتصاد بسبب انفتاح البلد على العالم الخارجي

انخفضت العملة the currency fell
انخفضت العملة نتيجة الركود الاقتصادي

تخصيص أموال allocation of money
قامت الحكومة **بتخصيص أموال** طائلة لأمن البلد

أ. ضعوا مايلي في جمل مفيدة

A. Use the following in correct sentences.

1 أبرم عقدا

....

2   خصّص

....

3   مكافحة العنف

....

4   انخفاض العملة

....

5   انتعاش الاقتصاد

....

6   ركود اقتصادي

....

7   تسديد الديون

....

ب. استخرجوا عبارات الاقتصاد من النص التالي

B. Find expressions relating to the economy in the following text.

شبح أزمة مالية.. احتمالات ضعيفة لتحسن الاقتصاد العالمي في 2020

شهد عام 2019 صراعات اقتصادية عالمية كان أبرزها الحواجز التجارية التي قادتها أميركا تجاه مجموعة من الدول، خاصة الصين، وأدى ذلك إلى تراجع معدل النمو في الاقتصاد العالمي لنحو 3% في عام 2019، متراجعا عن 3.7% في 2018، و3.8% في 2017.

وكان لتراجع معدل نمو الاقتصاد العالمي وزيادة حدة الحواجز التجارية الأثر الأكبر في تراجع معدل نمو التجارة الدولية، ليصل إلى 1% خلال النصف الأول من عام 2019، وهو أبطأ معدل تشهده التجارة الدولية منذ عام 2012، وذلك حسب تقديرات صندوق النقد الدولي في تقريره عن آفاق الاقتصاد العالمي بنهاية 2019.

وكان من الطبيعي أن يلقي تراجع معدل النمو الاقتصادي الضعيف بظلاله على صناع السياسة المالية، حيث اتجهت أغلبية دول العالم - وعلى رأسها أميركا والصين وأوروبا- إلى تخفيض سعر الفائدة في البنوك من أجل إنعاش الطلب المحلي، لوقف الآثار السلبية لتراجع معدل النمو.

لكن الأسابيع الأخيرة من عام 2019 شهدت حدثين مهمين، هما الإعلان عن قرب توصل الولايات المتحدة والصين إلى اتفاق جزئي لإنهاء أزمة الرسوم التجارية بينهما، وهو ما أدى إلى تحسن بعض المؤشرات الاقتصادية في البورصات العالمية وسوق النفط العالمي، والأمر الثاني فوز حزب المحافظين بالانتخابات في بريطانيا، وإعلانه عن حسم قضية الخروج من الاتحاد الأوروبي.

ومع ذلك لا يزال شبح الأزمة المالية العالمية المنتظرة في 2020 يخيم على الاقتصاد العالمي، خاصة في ظل التداعيات السلبية لارتفاع أزمة المديونية العالمية التي توقع لها معهد التمويل الدولي أن تقفز إلى 255 تريليون دولار بنهاية 2019، وبما يزيد على نسبة ثلاثة أضعاف الناتج المحلي العالمي، وهذه المديونية تشمل مديونية الحكومات والشركات والأسر.

الصراعات تستنزف اقتصاديات المنطقة

ثمة مجموعة من التحديات تواجه اقتصاديات المنطقة خلال 2020، وعلى رأسها التحدي المتعلق بالتداعيات السلبية للصراعات المسلحة، خاصة بعد التصعيد المصري التركي بشأن ليبيا، وهو ما يعني أن المنطقة مرشحة لأن تكون في مقدمة الدول صاحبة الإنفاق الأعلى على التسليح بين دول العالم كما كانت خلال السنوات الماضية، وبلا شك سيكون ذلك على حساب التنمية، وخصما من مستوى معيشة الأفراد.

كما أن الحراك الذي شهده عام 2019 أو ما سميت الموجة الثانية من الربيع العربي أظهر التحدي الاقتصادي الذي يواجه حكومات دول الحراك، وهي السودان والجزائر ولبنان والعراق، فالدافع الاقتصادي للحراك كان بارزا في مطالب المتظاهرين بهذه البلدان.

وإن كانت توقعات صندوق النقد الدولي تذهب لأن تحقق الدول النفطية في المنطقة معدل نمو 1.3% خلال 2020 فإن أداء سوق النفط يضع صانع السياسة الاقتصادية في حيرة من أمره، إما أن يستفيد من التحسن الموجود في أسعار النفط مؤخرا ليعالج عجز الموازنة، أو يلتزم بسياسة تخفيض الإنتاج وبالتالي يواجه عجز الموازنة.

https://www.aljazeera.net/news/ebusiness/2020/1/2/

CONSOLIDATION EXERCISE

أ. أتمموا الجمل التالية بالعبارات المناسبة

A. Complete the following sentences with the appropriate expressions.

1 أعادت الولايات المتحدة الأمريكية وليبيا العلاقات الدبلوماسية وقامت بطي ....
2 لقد تربيت على احترام الآخر منذ ....
3 لايمكن حل المشاكل العالقة بين البلدين ....
4 دعا البنك الدولي جميع البلدان إلى تسديد ....
5 ساهم المهاجرون في .... اقتصاد البلد
6 قامت الحكومة .... أموال لمكافحة تهريب المخدرات
7 ساهمت الحكومة في مساعدة الطبقة العاملة .... الضرائب

3.8 Elections — 3.8 عبارات انتخابية

أجرت استفتاء hold a referendum
أجرت الحكومة البريطانية **استفتاء** حول انضمامها للاتحاد الأوروبي.

أجل الانتخابات delay/postpone elections
أجلت الإنتخابات إلى إشعار لاحق بسبب ظاهرة الفوضى والعنف التي عمّت أغلب المدن الباكستانيّة.

أحجم عن التصويت abstain from voting
أحجمت الولايات المتحدة **عن التصويت** اليوم في قرار يدين المستوطنات الإسرائيلية الجديدة في القدس الشرقية.

الأحزاب المتنافسة contending parties
شاركت في الانتخابات كل **الأحزاب المتنافسة**

الإدارة الحالية current government
اعتبرت **الإدارة** الأمريكية **الحالية** الحالة العراقية خطوة نحو ترسيخ الديمقراطية في هذا البلد.

أدلى بتصريحات announce – give statements
أدلى الوزير **بتصريحات** مفادها أن القوات البريطانية ستنسحب من العراق خلال الأشهر القليلة القادمة.

استبعاد ruling out
استبعد وزير الخارجية الفرنسي احتمال شنّ حرب على إيران

استطلاع الرأي opinion polls/ surveys

أشار **استطلاع للرأي** في بريطانيا إلى تقدم حزب المحافظين على حزب العمال.

إقبال كبير/كثيف heavy turnout

عرفت صناديق الاقتراع **إقبالا كثيفا** اليوم من طرف الناخبين الأوكرانيين

اقتراع سري secret ballot

عقد مجلس الأمن جلسة مغلقة للإدلاء بالأصوات في **اقتراع سرّي** يخص كوريا الشمالية

انتخابات حرة ونزيهة free and fair elections

أعلن مراقبو الإنتخابات الفلسطينية أن **الانتخابات** كانت **حرة ونزيهة**

انتخابات فرعية by-elections

أدت استقالة عضو في البرلمان البريطاني إلى **إجراء** إنتخابات **فرعية**

مراقبين دوليين international monitors

أعلن **المراقبون الدوليّون** أن الانتخابات الفلسطينية كانت حرّة ونزيهة

انحياز مطلق complete bias

تعتبر بعض الأوساط العربية أن السياسة الخارجية الأمريكية تعرف **انحيازا مطلقا** تجاه إسرائيل

أحرز تقدما make progress

أحرز البلدان **تقدما** في المحادثات المتعلقة بالأسرى

أ. استخرجوا من النص التالي العبارات التي تدل على الانتخابات

A. Find election expressions in the following text.

(.....) يُظهر استطلاع للرأي تراجع حزب العمال في بعض الدوائر الانتخابية شمال المملكة المتحدة والتي عرفت تاريخيا بتصويتها للحزب. ويرجح البعض هذا التراجع إلى سياسة الحزب الغامضة من خروج بريطانيا من الاتحاد الأوروبي، مما دفع البعض للتصويت لصالح الأحرار الذين اتخذوا موقفا واضحا يدعو إلى البقاء داخل الاتحاد. ويرجع البعض الآخر تراجع الحزب بسبب الاقبال المتواضع على صناديق الاقتراع لمناصري الحزب، حيث أدلت نسبة صغيرة بأصواتها لمرشحي الحزب.

3.9   عبارات استخدام العنف والقوة   Expressions of force and violence

أ. استخرجوا العبارات التي تدل على العنف والقوة في النص التالي

A. Make a list of the expressions of violence in the following text.

الحرب في ليبيا: طائرات أجنبية "شنت 60 غارة موجهة بدقة" دعما لقوات حفتر منذ بدء حملتها على طرابلس

أصدرت الأمم المتحدة تقريرا حول الصراع في ليبيا واستخدام طرفي الصراع الطائرات المسيرة والنفاثة في القتال الدائر حول العاصمة طرابلس منذ أبريل/نيسان الماضي، وتسبب، وفق المنظمة الدولية، في مقتل أكثر من 280 مدنيا وإصابة 363 آخرين ونزوح أكثر من 140 ألف شخص.

ودعا مجلس الأمن الدولي الأطراف المتصارعة في ليبيا بالتوصل إلى اتفاق فوري لوقف القتال.

وبحسب التقرير الصادر من مكتب الأمين العام للأمم المتحدة الثلاثاء فإن قوات شرق ليبيا بقيادة الجنرال خليفة حفتر، نفذت 850 غارة جوية بطائرات مسيرة، وكذلك 170 غارة بطائرات نفاثة منها 60 غارة دقيقة التوجيه بواسطة طائرات مقاتلة أجنبية.

أما القوات التابعة لحكومة الوفاق، المعترف بها دوليا في طرابلس، فقد نفذت 250 غارة جوية بواسطة طائرات مسيرة خلال الفترة نفسها.

وأشار التقرير إلى استمرار تعرض الصحفيين للإصابة أثناء تغطية الاشتباكات في محيط العاصمة الليبية، فضلا عن تعرض صحفيين آخرين للاحتجاز التعسفي على يد حكومة الوفاق.

وفي بيان رسمي قالت الدول الأعضاء في مجلس الأمن الدولي إنها "تحث الأطراف الليبية على المشاركة البنّاءة في لجنة خمسة+ خمسة من أجل التوصل إلى اتفاق لوقف إطلاق النار بأسرع ما يمكن".

وتتألف لجنة خمسة + خمسة، التي اتفق على تشكيلها في قمة برلين الأحد الماضي، من خمسة أعضاء من كل من الحكومة التي تعترف بها الأمم المتحدة في طرابلس، وقوات حفتر. ومن المفترض أن تتولى اللجنة تحديد سبل تعزيز وقف القتال.

وتعاني ليبيا من تدخلات خارجية أدت إلى تعقيد الوضع وخرق حظر توريد الأسلحة المفروض عليها .

https://www.bbc.com/arabic/middleeast-51202234

عبارات العنف والقوة	ترجمتها

ب. عوِّضوا ما بين قوسين بالعبارات المناسبة باللغة العربية

B. Give the Arabic equivalent of the English phrases in brackets.

1 (the war flared up) .... لليوم الثاني على التوالي
2 أدت أحداث الحادي عشر من سيبتمبر إلى لجوء الولايات المتحدة إلى نظام (pre-emptive strike) ....
3 شنت القوات الأمريكية (full-scale attack) .... على العراق
4 عرقل الإعصار حركة النقل والتنقل في المدينة وخارجها وترتبت عنه .... (heavy losses) شملت المدينة وأهلها.
5 صاحب الإعصار أمطارا غزيرة .... (violent storms) ما أدى إلى انهيار بعض المباني والمنازل.
6 قامت القوات العراقية .... (reduce tension) بين الشيعة والسنة
7 رفضت روسيا هذه الخطوة خشية (eruption of war) .... جديدة
8 قصف (training camp) ....للقاعدة في أفغانستان
9 .... الشرطة .... (tear gas) في مواجهة الحشود الغاضبة

3.10 Gratitude — الاعتراف بالجميل 3.10

1 أنا شاكر لك ما فعلت لي
2 أنا مدين لصديقي بما فعل نحوي.
3 أنا مدين لصديقي بما قدم لي
4 أشعر بكثير من العرفان لصديقي
5 كل ما حققته هو بفضل/ بعون أبي وأمي.
6 لا أستطيع أن أعبر عن شكري لك.
7 اعترف اعترافا كليا بمساعدتك الرائعة لي.

أ. ضعوا مايلي في جمل مفيدة

A. Use the following in complete sentences.

1 مدين لـ ....
2 شاكر لـ ....
3 يشعر بالعرفان ....
4 أعترف اعترافا ....
5 هو شاكر لـ ....
6 هي مدينة لـ ....

3.11 Doubt and uncertainty — الشك والاعتقاد 3.11

1 عندي شك في قدراته على التدريس في الجامعة
2 لست على يقين من المسؤول عن فشل البرنامج الدراسي
3 أظن أن الأستاذ في وضع صعب هذه الأيام

4 أعتقد <u>أن</u> الطالب يمكن أن ينجح إذا عمل كل مجهوداته

5 أنا <u>على يقين</u> / أنا متيقن من أن العمل الجاد يؤدي إلى النجاح

6 أنا متأكد <u>أن</u> أباها سيزورنا اليوم

7 <u>من المحتمل أن</u> ترتفع أسعار البيوت بعد الأزمة الاقتصادية الحالية

8 <u>من الأرجح أن</u> يسافرا إلى بريطانيا اليوم لزيارة ابنهما

أ. استخدموا العبارات التالية في جمل مفيدة

A. Use the following in complete sentences.

1 من المحتمل أن ....

2 من الأرجح أن ....

3 أعتقد أن ....

4 على يقين من ....

CONSOLIDATION EXERCISES

أ. ضعوا مايلي في جمل مفيدة

A. Use the following in meaningful sentences.

1 كثير من العرفان ....

2 أعترف اعترافا ....

3 ليس على يقين ....

4 عنده شك...

5 من غير الأرجح أن...

ب. استخرجوا عبارات العنف والقوة من النص التالي

B. List expressions of violence from the following text.

جدّد الرئيس تأكيده أن أي حل للأزمة القائمة بين البلدين يجب أن يبدأ بوقف شامل لإطلاق النار وعودة النازحين إلى ديارهم والتفاوض على تبادل الأسرى.

ومن جانبه، دعا وزير خارجية البلد إلى وقف العدوان والعدول عن أي عمل عسكري يهدّد أمن واستقرار المنطقة. ودعا إلى ضرورة سحب كل المعدات والآليات العسكرية والجنود من البلد. وجدّد أن بلده قادر على التصدي لأي عدوان مهما كان حجمه. كما دعا لوقف كل الغارات الجوية على العاصمة.

3.12 Admiration — الميل والولع 3.12

1 أميل إلى طرحها الذي ينص على أن أي تقدم يحتاج إلى تخطيط

2 أتعاطف مع برنامج حزب العمال الاقتصادي

3 يعجبني أسلوب تعامله مع الناس

4 تروقني معاملتها الجيدة مع زملائها في الصف

5 أجد ميلا إلى طريقة تدريسها للغة العربية

6 هي مولعة بالموسيقى العربية

7 ظل مغرما/ مشغوفا/ مجنونا/ بـها طوال حياته

أ. اكتبوا فقرة صغيرة تعبّرون فيها عن ولعكم لأحد أفراد أسرتكم

A. Write a short paragraph expressing your admiration for a member of your family.

....

....

....

....

....

3.13 Bravery and cowardice — الجرأة والشجاعة والجبانة 3.13

1 كانت له الجرأة عندما واجهها بما عملت

2 تجرأ عليها وطلب صداقتها

3 كانت له الشجاعة عندما صحّح أخطاء أستاذه

4 لم يخش/ يهب / يخف أحدا في قوله للحق

5 دفعه الجبن إلى الهروب من المعركة

6 كانت الشجاعة تنقصه وهو يواجه خصمه

7 خانته الشجاعة وهو يواجه خصمه

أ. ضعوا مايلي في جمل مفيدة

A. Use the following in complete sentences.

1 تجرأ على ....

2 أصابه الجبن ....

3 خانته الشجاعة ....

4 لم تهب ....

UNIT REVIEW EXERCISES

1. ضعوا مايلي في جمل مفيدة.

1. Use the following in meaningful sentences.

1   طريق مسدود: ....

2   شوّه وجه الحقيقة: ....

3   بذل قصارى جهده: ....

4   بصرف النظر: ....

5   دون قيد أو شرط: ....

6   عريق في القدم : ....

7   لا يجفّ له ريق: ....

8   من كل حدب وصوب: ....

9   بعيد المنال: ....

10   دليل قاطع: ....

11   أطلق سراح: ....

12   حدّق في: ....

13   ألقى نظرة على: ....

14   انكب على: ....

15   قلبا وقالبا: ....

16   حجة دامغة: ....

17   عاث في: ....

18   فقر مدقع : ....

19   استحوذ على: ....

20   ينتهك الميثاق: ....

21   تراجع في الشعبية: ....

22   تكبّد خسائر: ....

23   أحرز تقدما: ....

24   أحجم عن التصويت: ....

2. كوّنوا فقرة مستخدمين بعضا من العبارات التالية.

2. Use the following to form a paragraph.

انتخابات – صناديق الاقتراع – فاز فوزا ساحقا – حملة إنتخابية – استطلاعات الرأي – فرز الأصوات – التصويت لصالح – البرنامج السياسي – الأحزاب المتنافسة – المرشّحون.

3. أعطوا عبارات تعبّرون فيها عن مايلي ثم ضعوها في جمل مفيدة.

3. How do you express the following? Give examples to illustrate.

1   الاعتراف بالجميل:

....

....

2 الشك والاعتقاد:

....

....

3 النجاح والفشل:

....

....

4 الجرأة والشجاعة:

....

....

5 الميل والولع:

....

....

4. تحتوي الجمل التالية على مصطلحات/مفردات غير مناسبة في سياق الجملة. حدّدوا هذه المصطلحات وعوّضوها بالمصطلحات المناسبة.

4. Correct the following sentences.

1 أرسل الحرب من عقالها بعد فشل المفاوضات

....

2 حكم عليه بالسجن لأنه احتفظ بوجه الحقيقة

....

3 قام الطالب المثابر بعمله على الوجه الأفضل

....

4 ستصبح الاتفاقية سارية المفعول السنة القادمة

....

5 طالبت قوات الأمن من سكان المنطقة القيام بالحيطة والحذر

....

6 عدّل قصارى جهده للفوز بالانتخابات التشريعيّة القادمة

....

7 يعتبر هذا الأستاذ مغلوبا على أمره. فطلابه لايحترمونه.

....

8 يدعونه بالثرثار، فريقه لايتوقف طول النهار

....

9 رغم أملها بالفوز في الألعاب الألمبية فقد عادت بخفَّي حنين

....

5. أتمموا الجمل التالية بالكلمات الناقصة.

5. Fill in the blanks with the appropriate words.

1 جاء الأساتذة من كل حدب و............... للمشاركة في المؤتمر السنوي
2 انتظرت قدومها عل أحرّ من...............
3 انفطر بـ .... عندما سمع وفاة والدته
4 كنا نتحدث فدخل علينا على حين ....
5 السفر في الصحراء ليلا عمل محفوف بـ ....

6 طلب المعلم من التلاميذ حفظ الدروس عن ظهر ....

7 عبّرت قلبا و .... عن رفضها لزواج ابنها من أجنبية

8 وقعت الحادثة في أقل من لمح ....

9 عاش فرعون .... في الأرض.

10 نجحت الجهود .... لتجنب الحرب.

6. اقرؤوا هذه المقولات واشرحوها.

6. Explain the following sayings.

ما يكسب بسهولة يضيع بسهولة easy come, easy go

مهما شرّقت أو غرّبت فلن تجد خيرا من الوطن East or West, home is best

لكل كلب يومه every dog has his day

يوم لنا ويوم علينا

التاريخ يعيد نفسه history repeats itself

الولد صورة عن أبيه like father, like son

إن هذا الشبل من ذاك الأسد

من الحبة تنشأ الشجرة

من أحبني أحبّ كلبي معي love me, love my dog

اصنع التبن مادامت الشمس مشرقة make hay while the sun shines

الأخلاق تصنع الرجل manners make the man

المال يولد المال money breeds/begets money

كثرة الأيدي تخفف من عبء العمل many hands make light work

يد الله مع الجماعة

ليس للتعلم سنّ يقف عندها never too old to learn

7. اشرحوا ما تحته خط في الجمل التالية.

7. Give synonyms for the underlined words.

1 إنني أودّ القول إنه نصر للأمة الأكرانية

....

2 احتشد عشرات الآلاف من أنصار المعارضة المبتهجين.

....

3 الاختيار السليم

....

4 انضم إلى الجيش

....

5 وأعرب عن أمله أن يتحسن الوضع في العراق

....

✓ 8. اقرؤوا النص أسفله جيدا واستخرجوا مرادفات مايلي:

8. From the text find synonyms for the following.

ضجيج	
القرية	
كبيرة	
بهجة	
مزرعة	
الهادئة	
يسلّم	
بدأ	
اتقان	
همه الوحيد	
واسع	
الملونة	
المرح	
تعاسة الحياة	
صقلت	

لم أكن أحلم يوما أن أقضي عطلة الربيع بعيدا عن ضوضاء المدينة وازدحامها. وقد تحقق ذلك عندما زرت عمي في إحدى القرى المجاورة. كانت فرحتي عارمة وسروري هائلا وأنا أزور ضيعة عمي والتي تعد أحسن وأجمل ضيعة تعرفها المنطقة الجبلية الساكنة. كان انتاجها وافرا وعطاؤها كريما. لكن كل ذلك تحقق طبعا بفضل جهود عمي الدائمة وغير المنقطعة. كانت الضيعة هي منزله الأصلي. يحيّيها قبل طلوع الشمس ويودّعها بعد غروبها. كانت كلما فتحت الشمس عينيها وجدته وقد انكب على عمله يخدم هذا الغرس وذاك بكل إخلاص وتفان في العمل. فكان يظل منكبا تحت حرارة الشمس الساطعة دون تعب أو ملل بل دون أي قسط من الراحة. فقد عِرف بين فلاحي المنطقة بالمثابر والصبور. لم يكن شغله الشاغل سوى ضيعته التي كانت تُرى روضة من رياض الجنة بفضل العمل المتقن. فكلما رأيته في عمله تحسبه آلة حديدية.

كان رحمة الله عليه يصحبنا معه ونحن صغار السن لنشاركه نشاطه وحماسه اليومي. ولم نكن لوحدنا بل كانت الطيور تزقزق تارة فوق رؤوسنا وتارة في الهواء الطلق معبّرة عن فرحتها وموسيقى الراعي تدوّي في آذاننا ورائحة الورود المزركشة تشم في أنوفنا. كنا إذا أصابنا الملل جرينا وراء فرشاة الحقل المزركشة وقطفنا هذه الزهرة وتلك أو تسلقنا الأشجار لنختفي عن عمي الذي ظل منحنيا ولم يستقم. لقد شعرت

بالحرية والخلاص من قضبان المدينة المملة. وأحسست بالراحة وأنا بعيد عن تلوث هواء المدينة وصراخ أهلها. وفرحت كثيرا بشساعة و فساحة ضيعة عمي والتي اعتبرت منزلنا الأول ما دمنا نقضي فيها كل اليوم من طلوع الشمس إلى غروبها في اللعب والفسحة.

أيام علمتنا روح المسؤولية والانضباط ونحن صغارالسن. ولقنتنا مدى جمال الحياة ولذتها للصغار وصعوبتها وشقاوتها للكبار . لكن الدرس الوحيد الذي نُقش في ذهني منذ الصغر هو حال ذلك الرجل الصبور القوي والمحب لعمله. فلم يكن فقط مثال الإخلاص بل مثلاً أعلى وقدوة ليس فقط لنا بل لكل مزارع في المنطقة. ظل الكل ينعته " بأبي الضيعة" لأن ضيعته هي شغله الشاغل وحلمه الوحيد. فكنت كلما مررت بجانبها سُجِنت عيناي بجمال ودقّة التخطيط بل واستقامة العمل. كان عمي بحق رمز التضحية والمثل الذي يقتدى به ويرمز به داخل القرية الصغيرة. لم يشغل باله شئ سوى المقولة الراسخة في ذهنه: من جد وجد ومن زرع حصد. نعم ، إنه شعار الكد والجد والتفاني في العمل.

انقضت عطلتي ورجعت إلى صخب المدينة وازدحامها. أما صورة عمّي المثابر فقد ملأت عقلي وجعلتني أتساءل وأنا صغير السن عن سبب لغز اهتمام عمي واجتهاده. ولم تغب صورة الطيور المبتسمة عن مخيّلتي. أما موسيقى الراعي فقد كرّست حبي للقرية وأهلها. لكن هذا الحب سرعان ما انقطع بغياب عمي الذي فارق الحياة. فرغم حبي للقرية وجمالها إلا أن فقدان عمي قلل من حدّة ذالك التعاطف الكلى مع الطبيعة وأهلها. وكبرت وكبرت معي صورة الاجتهاد والكد التي ترسخت في عقلي منذ زمن مضى. زمن لم أكن قادرا فيه على التمييز بين الفقير والغني والقروي والحضري. زمن كنت أنظر فيه إلى الحياة بنظرة واحدة. (بقلم : د. مصطفى لهلالي)

9. اكتبوا فقرة تصفون فيها أحد المزارع التي زرتموها في منطقتكم

9. Describe in a paragraph a farm you have visited in your area.

....

....

....

....

....

....

....

....

....

....

....

....

....

10. صفوا مدينتكم آخذين بعين الإعتبار مايلي

10. *Describe your city, including the following:*

1 موقع مدينتك في البلد
2 حجم مدينتك: المساحة والسكان
3 مميّزات مدينتك الصناعية والسياحية

....

....

....

....

....

....

....

UNIT 4 FREE WRITING

الوحدة الرابعة: كتابة حرة

4.1 How to write a précis — 4.1 كيفية كتابة تلخيص

What is a précis?

A précis is a concise summary of a text and should contain the main ideas of the text, but phrased in your own words. The précis should not include ideas of secondary importance. Your summary should not contain your personal opinions or views. Your task is to provide in your own words a brief summary of the main substance of the text to the reader without any criticism or interference in its meaning.

Comprehension of the text is of paramount importance to any précis. Misunderstanding the content of the text might lead to inaccurate summarising.

Your selection of vocabulary is as significant as the comprehension of the original text. Because of the richness of the Arabic language, words can have different meanings in different contexts. Pay close attention to the use of words and their meaning in the contexts in which you employ them.

As already stated, even if you do not agree with the author, you should not include your opinion in the précis. Your précis should reflect your communication skills, and your ability to transfer knowledge without alteration to the core meaning or content of the text. The purpose of the task is to demonstrate your ability in paraphrasing Arabic. Avoid long quotations from the text. Small quotations can be used to support the précis.

Make sure your sentences are well structured, grammatically correct and your punctuation is accurate. Avoid long sentences; short sentences can help you reflect the meaning of the source text more accurately.

Remember: Arab writers tend to use semantic pairs and, in some cases, repetition to emphasise a point. It is part of the Arabic writing culture that writers use many different stylistic aspects to express a meaning. These variations in style should be avoided when writing a précis. Apply a simplistic approach in your summary.

"وفي هذا اليوم التاريخي في مسيرتنا الوطنية أقول لجميع أبناء شعبنا الذين شاركوا في التصويت، وفي إحياء شعلة الديمقراطية، لكم جزيل الشكر والعرفان، ولكم العهد مني ببذل كل الجهد لتنفيذ البرنامج الذي انتخبتموني على أساسه، ولمواصلة السير على الدرب لتحقيق أهدافنا الوطنية. والشكر والتقدير لجميع الذين عملوا من أجل نجاح هذه الحملة الانتخابية، إخوتي في حركة فتح في مختلف المناطق، ولجميع القوى والهيئات والمؤسسات الوطنية، والفعاليات والشخصيات، التي بذلت أقصى الجهد دفاعاً عن برنامجنا الوطني الواضح الذي يحظى الآن بأوسع دعم شعبي.

اليوم و بعد ظهور نتائج الانتخابات واجتياز شعبنا العظيم لهذا الامتحان، أقف أمامكم بصفتي رئيساً وممثلاً للشعب الفلسطيني بأسره لأقول: إننا سنواصل المسيرة من أجل تعزيز الوحدة الوطنية وتعميق الحوار مع جميع القوى وكل التيارات الفاعلة في وطننا، والحرص على صلابة بنيان مجتمعنا ومؤسساتنا. كما سنواصل مسيرة ياسر عرفات من أجل تحقيق السلام العادل/ سلام الشجعان الذي كان يعمل دوماً في سبيله، والذي أعطى كل حياته وجهده وعرقه من أجل تحقيقه."

مقتطف من خطاب الرئيس محمود عباس امام المجلس التشريعي

أ. إقرؤوا النص أعلاه واستخرجوا ثلاث أفكار رئيسة

A. Find three main topics from the above text.

1 ....

2 ....

3 ....

ب. إقرؤوا النص وشطبوا على الأفكار غير الصحيحة فيما يلي

B. Read the text again and cross out the inaccurate statements in the following.

1 يتحدث محمود عباس عن نتائج الانتخابات الرئاسية
2 عبّر عباس عن أمله في تحقيق سلام عادل مع الإسرائيليين
3 دعا إلى استثناء حركة حماس من الحوار الوطني
4 عاهد عباس الشعب الفلسطيني بالعمل من أجل تحقيق الرخاء في البلد
5 لمّح عباس إلى عدم نهج سياسة عرفات

ج- أتمموا الجمل التالية بناء على النص أعلاه

C. Read the above text and complete the following sentences using your own words.

1 .... عباس كل أبناء الشعب الذين شاركوا في التصويت وعاهدهم بـ .... لتطبيق برنامجه الانتخابي.
2 يحظى برنامج عباس الانتخابي بـ .... واسع
3 دعا عباس إلى .... الوحدة الوطنية و............. الحوار الوطني.

د- عوّضوا الكلمات المسطر عليها في النص بمفردات مناسبة من عندكم

D. Give synonyms for the underlined words in the text.

4.2 Expressions used to form a précis — 4.2 عبارات تساعد على تلخيص النصوص

1 في هذا النص يتكلم الكاتب عن الأزمة الاقتصادية التي ضربت العالم

2 يحكي الكاتب عن أهم الأسباب التي أدت إلى الأزمة الاقتصادية

3 يشير الكاتب إلى أثر الأزمة على الأسر ذات الدخل المحدود

4 يتناول الكاتب موضوع الركود الاقتصادي وكيفية تجنب إفلاس البنوك والشركات ما سيكون له أثر سلبي على العمالة

أ. استخدموا العبارات التالية في جمل مفيدة

A. Use the following expressions in sentences.

1　يبدأ الكاتب النص بـ.................
2　يبرهن الكاتب على ....
3　يبيّن الكاتب أن.................ثم يمرّ لـ.................
4　يعطي الكاتب نظرة عامة عن.................
5　يشرح بتفصيل................. يصف بتفصيل.................
6　يلمح الكاتب إلى ....
7　يستهل الكاتب هذا النص قائلا ....
8　يتمحور النص حول.................
9　في الفقرة الأولى يطرح الكاتب.................
10　يحثّ الكاتب القارئ على.................
11　يختم الكاتب النص بـ.................
12　باختصار يحاول الكاتب أن ....

ب. شطبوا على المفردات الزائدة والتي لا تؤثر على المعنى فيما يلي

B. Cross out the words and phrases which are repeated in the following paragraph.

تثار هذه الأيام عدة تساؤلات حول دور وأهمية وسائل الإعلام في تكوين وتربية الطفل، والطفل العربي بخاصة. ولأن التربية تُعدُّ عاملا أساسيا وأساسا مهما في تنمية الموارد البشرية ، فهي تستطيع أن تقوم بدور الوسيط الموصل للمعلومات السياسية منها أو الاقتصادية أو الاجتماعية أو العلمية أو الثقافية ، ولكنها لا تستطيع أن تلغي أو تزيل دور الإعلام ، كما أن الإعلام لا يستطيع الاستغناء عن التربية والعمل خارجها، إن استخدام وسائل الإعلام يتيح ويسنح الفرصة لأول مرة للتربية ، لكي تتفاعل مع البيئة الإجتماعية ، باعتبار المدرسة عنصرا من عدة عناصر لبناء واسع كبير، هو التربية المستديمة والدائمة. (مجلة الفيصل ، العدد 31 عام 1977)

ج . لخصوا الفقرة التالية في ثلاث جمل

C. Provide a summary in three sentences for the following paragraph.

كيف شعر الإنسان بحاجته إلى قياس الزمن؟

يقول المؤرخون إن إنسان ما قبل التاريخ، كان يؤقت نشاطاته اليومية اعتمادا على شروق الشمس وغروبها، وعلى ساعاته البيولوجية الداخلية، أي تبعا لحالة الجوع في معدته. ولو تيسر لأحد سكان الكهوف في الزمان الغابرأن يحصل على أدق أنواع الساعات لما كان به حاجة إليها، إذ كانت حياته بسيطة، خالية من القيود والالتزامات، فهو لايستيقظ من نومه إلا عند شروق الشمس. ولا يأوى إلى كهفه إلا عندما يخيّم الظلام ، يأكل عندما يحس بالجوع دون تحديد لأوقات وجباته اليومية.

(عن مقال: "صناعة الساعة وعلم التوقيت عبر التاريخ")

د. قارنوا التلخيصين أسفله للنص التالي

D. Compare the two précis of the following text.

كان الاستعمار بالنسبة اليّ شيئا حقيقيا محسوسا . كنت اكره الاستعمار كما كان يكرهه جميع رفقائي ، الا ان كراهيتي كان لها بالاضافة الى ذلك بعد مباشر ينبع من تجربتي الشخصية كفلسطيني .

في صيف ١٩٤١ كانت حكومة فرنسا الحرة قد استولت على لبنان بمساعدة الجيش البريطاني. وحدث في السنة التالية اني ارسلت رسالة الى عائلتي في يافا بوساطة احد سائقي السيارات التي كانت تنقل الركاب بين بيروت وحيفا ويافا . وفي رسالة لاحقة أرسلتها بالبريد سألت والدي اذا كان قد استلم الرسالة التي ارسلتها مع السائق . ويظهر ان رسالتي وقعت في يد المراقبة فأحالتها الى دائرة الاستخبارات في الجيش الفرنسي . واستدعيت الى التحقيق ، الذي استمر عدة اسابيع . كنت أستدعى كل اسبوع تقريبا الى مكتب الأمن العام في الصنائع ، حيث كان يجلس الى ثلاثة مكاتب قديمة ، ثلاثة رجال في لباس مدني يحتسون القهوة ويدخنون .

كنت أنتظر حتى ينتهوا من قهوتهم وأحاديثهم فاجيب عن الاسئلة التي كانوا قد طرحوها عليّ في الاسبوع السابق والذي سبقه ، ثم أوقع الأوراق التي تقدم الي . واستمر التحقيق على هذا المنوال حوالي السنة ، وكنت في هذه الاثناء قد انتقلت من الاستعدادية الى صف الفرشمن . وعند بدء الدراسة وبعد ازمة تشرين الثاني والمظاهرات دعيت الى المثول أمام المحكمة العسكرية . كان المكان الذي دعيت اليه في السراي ، في غرفة تقع الى يمين الدرج المواجه لكنيسة الكبوشية . وصلت قبل الموعد بنصف ساعة ، فجلست على الدرج انتظر . ولما حان الوقت أشار الي الحاجب ان ادخل ، فدخلت غرفة طويلة مظلمة تقوم في طرف منها منصة يحيط بها حاجز خشبي له ثلاثة جوانب . وكان يجلس في الطرف الآخر من الغرفة ضابط فرنسي يطالع أوراقا امامه . ولدى دخولي قادني شاب لبناني يقوم بدور المترجم الى المنصة، ووقف جانبا على بعد متساو بيني وبين الضابط الذي استمر بتفحص اوراقه دون ان يرفع رأسه او يبدي اية اشارة بانه يشعر بوجودي . فوقفت على المنصة واضعا ذراعي على الحاجز وساقا خلف ساق ، كما يفعل المرء عندما يقف في شرفة يراقب ما يجري في الشارع .

وفجأة سمعت الضابط يصرخ بالفرنسية :

– قف منتصبا ايها القذر (Salaud) . في اي مكان تظن انك الآن ؟

وجفلت ، وانتصبت تلقائيا كما يفعل الجندي عندما يُلقى اليه امر . وكان قلبي يدق بسرعة، وبلل العرق جبيني . شعرت برهبة ما لبثت ان تحولت الى شعور باحتقار الذات امام هذا الاجنبي . استغرقت الجلسة اقل من خمس دقائق ، اعلن الضابط في نهايتها براءتي من التهمة الموجهة الي (تهمة التجسس !) وأنذرني بعدم ارسال رسائل خارج لبنان الا بواسطة البريد الرسمي . وخرجت منكس الرأس تكاد الدمعة تطفر من عيني خجلا مغضبا . لقد أهانني ذلك الفرنسي .

ولم ارد عليه بكلمة واحدة ! ما الفائدة من الثقافة والعلم اذا كان الفرد يحقر في وطنه ولا يستطيع الرد حتى ولو بكلمة !

وحدث لي اختبار مماثل في الصيف التالي في يافا . فقد ذهبت في اثناء عطلة الصيف الى مركز المخابرات (CID) للحصول على تصريح للعودة الى بيروت لمتابعة دراستي . وكان عليّ ان اقدم رسالة قبول تثبت اني طالب منسجل .

اخذت اوراقي الى المكتب المختص ، وكان يقع في شارع المستقيم المؤدي الى تل ابيب ، وانتظرت دوري في الصف .

– اسمك .

واعطيت الضابط البريطاني اسمي .

– لماذا تريد السفر الى لبنان ؟

– لمتابعة دراستي .

– أي دراسة هذه ؟

– سأنهي دراستي الثانوية هذه السنة .

ثم تناول الاوراق وتفحصها قليلا ثم قال :

– هذه الاوراق غير مكتملة .

فقلت بحدة :

– مش ممكن . لقد فعلت كل ما طلبته دائرة الجوازات .

هشام شرابي

Summary of the above text تلخيص النص أعلاه

Version 1 النموذج الأول

يصف الكاتب في هذا النص معاملة الاستعمار الفرنسي والبريطاني السيئة لطالب فلسطيني. فقد بيّن الكاتب معاناة الطالب الفلسطيني عندما أحيل إلى التحقيق نتيجة رسالة أرسلها عبر سائق سيارة إلى أهله في يافا. ويبدو أن الرسالة سقطت في يد المراقبة فأعطتها للمخابرات في الجيش الفرنسي. وقد وصف الكاتب بتفصيل المعاملة غير المريحة التي تلقاها الطالب الفلسطيني في المحكمة. كما وصف هذا الطالب وهو يشعر بالخوف والرهبة أمام الضابط الفرنسي. ولم يقف الكاتب عند هذا الحد ، بل بيَّن المعاملة البيروقراطية التي تلقاها الطالب نفسه في فلسطين من طرف ضابط بريطاني. و حدث هذا عندما قدّم الطالب للحصول على تأشيرة دراسة للذهاب إلى لبنان لمتابعة دراسته. رغم أنه قدم كل الأوراق المطلوبة فقد اعتبر ملفه غير مكتمل.

Version 2 النموذج الثاني

يتحدث الكاتب عن طالب فلسطيني أرسل رسالة إلى أهله في يافا من لبنان مع أحد سائقي السيارات. وقعت الرسالة في يد المراقبة فأعطتها إلى المخابرات في الجيش الفرنسي الذي استدعى الطالب للتحقيق معه. كان الطالب يشعر بخوف ورهبة وهو أمام الضابط الفرنسي. كان قلبه يدق بسرعة والعرق بلل جبينه. بعد التحقيق خرج الطالب بريئا من تهمة التجسس التي وجهت له.

وفي الجزء الثاني من النص يصف الكاتب المعاملة السلبية التي تلقاها من طرف ضابط بريطاني الذي رفض أن يمنحه تأشيرة الدخول إلى لبنان لمتابعة دراسته رغم أن ملفه كان مكتملا.

ح- لخصوا النص التالي فيما لا يقل عن 300 كلمة

E. Provide a précis for the following text in no more than 300 words.

السمنة

إن تعريف الإنسان المصاب بالسمنة، هو الإنسان الذي يملك أنسجة دُهْنِية زائدة وقيمة مؤشر كتلة الجسم (BMI) لديه فوق 30. إن مؤشر كتلة الجسم عبارة عن مؤشر يقيس الوزن مقارنة مع الطول. قد تكون للأنسجة الدهنية الزائدة، عواقب صحية وخيمة مثل السكري، ارتفاع ضغط الدم وارتفاع مستوى الدهنيات في الدم.

إن السمنة هي واحدة من الحالات الطبية الأكثر شيوعًا في المجتمع الغربي اليوم، وأكثرها صعوبة من ناحية علاج السمنة والتصدي لها. لم يتم، نسبيًّا، تحقيق سوى تقدم ضئيل في علاج السمنة (باستثناء تغيير نمط الحياة)، ولكن تم جمع العديد من المعلومات بخصوص العواقب الطبية لحالة السمنة.

أسباب وعوامل خطر السمنة

لقد كانت السمنة حتى وقت قريب مرتبطة بنمط حياة كسول (يعتمد على الجلوس) واستهلاك زائد للسعرات الحرارية بشكل متواصل. ولكن اليوم، معروف بأن اسباب السمنة هذه مهمة، ولكن هناك أيضًا عوامل وراثية مختلفة تلعب دورًا في حدوث السمنة.

كدليل على ذلك، لدى الأطفال بالتبني نرى نمط سمنة يماثل النمط الذي نراه لدى والديهم البيولوجيين، أكثر من ذلك الذي نراه لدى والديهم المتبنيين. كما أظهرت الأبحاث بالتوائم المتطابقين، وجود تأثير للعوامل الوراثية على مؤشر كتلة الجسم أكبر من تأثير العوامل البيئية عليه.

مضاعفات السمنة

ترتبط السمنة بارتفاع معدلات الوفيات والمرض.

يوجد هناك عدد كبير من الأمراض التي تكون أكثر شيوعًا عند الأشخاص الذين يعانون من السمنة، ارتفاع ضغط الدم، داء السكري من النوع 2، ارتفاع مستوى الدهنيات في الدم، مرض في الشرايين التاجية، وأمراض المفاصل التَّنكُّسيَّة والاضطرابات النفسية - الاجتماعية.

تجدر الإشـارة، إلى أن المرضى الذين يعانون من السمنة، غالبًا ما يعانون أيضًا من متلازمة الأيْض (Metabolic syndrome) التي تشمل 3 أو أكثر من الأعراض التالية: محيط بطن كبير، ارتفاع ضغط الدم، ارتفاع مستوى الدهنيات في الدم، وارتفاع مستويات السكر في الدم أثناء الصوم، ومستويات منخفضة من HDL (انخفاض مستويات الكولسترول الجيد).

بالإضافة إلى ذلك، هناك صلة للسمنة بالأمراض التالية: سرطان الأمعاء، المبيض والثدي، حدوث الصِّمات (Emboli) وفرط الخُثوريّة (Hypercoagulability)، أمراض الجهاز الهضمي (أمراض كيس المرارة والحرقة) واضطرابات جلدية مختلفة.

تكون النساء اللواتي يعانين من السمنة أثناء الحمل، أكثر عرضة لخطر حدوث مضاعفات الولادة والحمل.

يعاني البدناء أكثر من أمراض الرئة واضطرابات الغدد الصماء (Endocrine disorders) المختلفة، مثل انقطاع النفس أثناء النوم (Sleep apnea) واضطرابات في إفراز الهورمونات.

علاج السمنة

يمكن اتباع تقنيات مختلفة من الأنظمة الغذائية، التي تؤدي لفقدان الوزن والأنسجة الدهنية الزائدة. وقد أظهرت الدراسات أن 20% فقط من المرضى، قادرين على علاج وإزالة 6 كغم من وزنهم، والحفاظ على الوزن الجديد لمدة عامين.

التعليمات الغذائية للمصابين، لعلاج السمنة مشابهة للأشخاص العاديين:

- الإكثار من تناول المواد الغذائية غير المصنعة التي تُعطى في النظام الغذائي.

- الحد من استهلاك الدهون، السكر والكحول.

- تناول الأطعمة الغنية بالألياف.

لم تكن هناك، بحسب الأبحاث، أفضلية كبيرة وصحية لطريقه علاج السمنة على طريقة أخرى.

غير أن هناك أهمية كبيرة لتثقيف المرضى لعلاج السمنة، بخصوص كيفية التخطيط مبكرًا لقائمة الطعام اليومية، وتسجيل وجبات الطعام التي تم تناولها، فالتثقيف السلوكي في علاج السمنة هو عبارة عن حجر الأساس في الطريق لإنقاص الوزن بطريقة صحيحة.

إن ممارسة التمارين الرياضية ضرورية للمحافظة على فقدان الوزن وعلاج السمنة للمدى الطويل. يسبب النشاط الجسماني زيادة في استهلاك السُّعُرات الحرارية في الجسم.

ومن المهم أن نشير ونؤكد، أن ممارسة الرياضة لوحدها تؤدي إلى إنقاص قليل في الوزن. أما الميزة الرئيسية لممارسة الرياضة، فهي أنها تساعد في الحفاظ على نقصان الوزن مع مرور الوقت. يوصى اليوم، بممارسة النشاط البدني المعتدل - المجهد لمدة ساعة في اليوم.

https://www.webteb.com/diet/diseases

| 4.3 | كيفية كتابة مقدمة وخاتمة | 4.3 | Writing an introduction and a conclusion |

كتابة مقدمة

Writing an introduction

Your introduction is your first point of contact with your reader. It is crucial that this introduction appeals to your reader and attracts his/her attention. Your introduction should prepare the reader for what will be discussed in the body of your essay or article.

Function of the introduction:

- To get the reader interested
- To introduce the topic of the essay

أ. اقرؤوا المقدمة التالية واستخرجوا أهم الأفكار التي ستناقش في الموضوع

A. Read the following introduction and find the main ideas to be discussed in the rest of the article.

الفراغ وأثره في الحياة الاجتماعية

تثار هذه الأيام أسئلة حول مفهوم الفراغ في الحياة المعاصرة ومدى انشغالات الإنسان المعاصر. في القسم الأول من هذا الموضوع سنحاول أن نعرف الفراغ وكيفية ظهوره في الحياة الاجتماعية. وفي القسم الثاني سنتطرق إلى الأثر السلبي للفراغ على المجتمعات والمشاكل الاجتماعية التي تنتج عن الفراغ. أما في القسم الأخير من هذا الموضوع فسنقوم بطرح بعض الحلول التي قد تساعد على استغلال الوقت استغلالا جيدا.

ب. أتمموا الفراغات التالية لتكوين جمل مفيدة

B. Fill in the following blanks to form complete sentences.

1 سنقسم بحثنا هذا إلى ثلاثة أقسام نتناول في أولها .... و في ثانيها......... وفي ثالثها.......
2 سيحوي بحثنا هذا ثلاثة أقسام نتناول في أولها....... ثم ....ثم ....
3 نقسم مقالنا إلى قسمين: سنعالج في القسم الأول....... ثم نتعرض لـ ..../ وبعد ذلك نتطرق إلى ...... وختاما سنتعرض لـ ....
4 أحببت أن أقسم هذا المقال/البحث إلى قسمين ، يعنى القسم الأول بـ ...... والقسم الثاني ....
5 سأبحث هذه النقطة بشيء من الإيجاز
6 في مستهل هذا القسم سـ..........

ج. اكتبوا مقدمة وقدّموا الأفكار التالية مستخدمين العبارات أعلاه

C. Introduce the following topics using some of the above phrases.

أهمية القراءة في حياة الإنسان

1 القراءة مصدر العلم والتعلم
2 تنمي عقل وفكر القارئ
3 تقتل الفراغ وتساعد على تجنب الملل
4 تحسن لغة وأسلوب القارئ

Sample of an introduction **نموذج لمقدمة:**

من البدهي أن التدخين مضر للصحة و يؤدي إلى أمراض كثيرة ' لكن البعض يؤكد عكس ذالك. سنقسم هذا الموضوع إلى قسمين أساسيين: سنعالج في القسم الأول أسباب التدخين و النتائج السلبية الناتجة

عنه ، وفي القسم الثاني سنعرض بتفصيل لبعض الحلول والمقترحات للحد من هذه الظاهرة المهدّدة لصحة و سلامة الإنسان.

Writing a conclusion

كتابة خاتمة

Tips on writing a conclusion

The conclusion serves as your last contact with your reader. Therefore, it should be concise and reflective of the main content of the essay/article. It should include a summary of the ideas discussed, or your final perspective on the topic. The conclusion can also provide the reader with something to think about.

Function of the conclusion

- To signal the end of the essay
- To wrap up the various points of your essay

د. إقرؤوا النص التالي واستخرجوا العبارات التي تعبّر عن خاتمة النص

D. Read the following text and find the phrases which express conclusion.

لقد تطرقنا في هذا النص إلى ضرورة فهم قيمة العمل في العالم العربي وما ينتج عنه من نجاح وتقدم في الحياة الخاصة، وازدهار وتطور في المجتمع. وخلصنا إلى القول إن الإخلاص في العمل هو أساس تطور وتقدم المجتمعات. وإجمالا فإن مستقبل الأشخاص والمجتمعات مبني على أسس العمل الخالص والدؤوب.

ح. ادرسوا العبارات التالية وضعوها في جمل مفيدة

E. Study the following phrases and use them in sentences.

1 وصفوة القول إن .... / قصارى القول إن
2 مجمل القول إن.......
3 وفي ختام موضوعنا نودّ أن.........
4 ختاما لهذا المقال أريد أن أبيّن أن......
5 سأختم بحثنا/مقالنا بمناقشة وجيزة ....
6 وخلاصة القول فإن........
7 في نهاية هذا الموضوع أريد أن..........

خ. اكتبوا خاتمة للأفكار التالية مستخدمين العبارات أعلاه

F. Use the above phrases to write a conclusion for the following topics.

الحرب وسلبياتها:

- الحرب أساس العداء بين المجتمعات

- الحرب مصدر تراجع المجتمعات اقتصاديا
- الحرب تؤدي إلى قتل الأبرياء من الرجال والنساء

Sample of a conclusion **نموذج لخاتمة:**

بعد دراستنا ومناقشتنا بتفصيل لأسباب ونتائج التدخين سنختم مقالنا/بحثنا بالقول إن توعية الأجيال القادمة بمساوئ التدخين أصبح شيئا واجبا وضروريا بل مسؤولية كل فرد في الأسرة والمجتمع. كما أنه بات ضروريا توعية الأجيال الصاعدة بخطورة التدخين على صحة الفرد. وربما يكون عمليا لو تمّ وضع تحذير على علب السجائر بمدى خطورة التدخين على صحة الإنسان.

4.4 Writing a news report — 4.4 كيفية كتابة مقال إخباري:

1 ما هو المقال الإخباري؟
2 ما هي العناصر التي يتضمنها المقال الإخباري؟

How to write a news report — كيفية كتابة مقال إخباري

Step 1

Before starting to write anything in Arabic, first be clear about the topic on which you wish to write. Assemble facts and ideas surrounding the topic.

Make sure that the following are covered: who, what, when, where and why.

Step 2

Choose an eye-catching title. Make your opening paragraph strong and very interesting. This will engage your reader and make them eager to finish reading your article. Arabic readers are more attracted to stories relevant to their lives and experiences. Make sure that your stories relate to your reader. Compare the news report to a previous report that you think had an impact on your reader. Make your news report shorter and to the point. Some Arabic readers tend to lose interest quickly. Short news reports would encourage them to finish reading the whole article.

Step 3

Adopt a simple style. Make sure that your selection of lexis is accurate and within your readers' reach. Avoid using jargon and employ terms that can have an impact on your reader. Remember that Arabic readers are emotional readers and the selection of emotional lexis might make the reader sympathise with the story.

Step 4

Give relevant detail to the story. Make sure that your details complement your main heading or sub-heading.

Step 5

Make sure that your sentences are well structured. Arabic grammar is pivotal to producing a coherent and cohesive report. Avoid long sentences; employ short concise sentences.

Step 6

Consider yourself the reader and check the following:

- What is the news report about?
- Have you provided enough information to answer your readers' questions?
- Is your Arabic language clear and your style effective?
- Is your selection of lexis accurate and does it serve the meaning you want to convey?

Text 1

النص الأول

فيروس كورونا: مقاطعة هوبي الصينية منشأة الوباء تحظر حركات السيارات لوقف انتشاره

أعلنت السلطات في مقاطعة هوبي، مركز انتشار فيروس كورونا الجديد، وسط الصين، فرض حظر على حركة السيارات في أنحاء المقاطعة في محاولة لوقف انتشار الفيروس.

ومن المقرر أن تجري السلطات "فحصا طبيا دوريا" لسكان المقاطعة مع التأكيد على أنه لن يتم السماح لأي مؤسسة باستئناف العمل دون الحصول على تصريح من الحكومة المحلية.

ويستثنى حظر الحركة سيارات الإسعاف والشرطة ونقل الأطعمة وغير ذلك من الخدمات العامة.

وأعلنت السلطات في الصين انخفاضا في عدد حالات الإصابة بالفيروس لليوم الثالث على التوالي.

وقال وانغ يي، وزير خارجية الصين، قبل الإعلان عن أحدث الإحصائيات، إن هناك تراجعا ملحوظا في عدد الإصابات الجديدة. وقال إن "الوباء تحت السيطرة بشكل عام".

وأضاف: "بذلنا كل الجهود الممكنة على مستوى المكافحة والحد من انتشار هذا الوباء، وهي الجهود الشاملة التي أعتقد أنه ليس بإمكان أي دولة أخرى القيام بها."

وأشاد تيدروس أدهانوم غيبريسوس، مدير منظمة الصحة العالمية، السبت بالجهود الصينية على صعيد "التعامل مع الفيروس".

وقال إن "الصين اشترت الوقت للعالم. لكن لا ندري كم من الوقت، نشجع على أن يحذو الجميع حذوها، خاصة وأننا لم نر بعد انتشارا على نطاق واسع للمرض خارج الصين."

كيف تتكيف الصين مع الوضع؟

لا يزال عشرات الملايين في الصين يعانون من فرض قيود صارمة على أنشطة الحياة اليومية في إطار الجهود الحكومية الرامية إلى الحد من انتشار المرض.

وتتركز أغلب هذه القيود في ولاية هوبي الصينية، وعاصمتها مدينة ووهان، التي لا تزال معزولة عن باقي أجزاء الصين.

وقال وزير خارجية الصين إن تراجع عدد الإصابات الجديدة تزامن مع ارتفاع في معدلات الشفاء من المرض.

وفي إطار القيود التي وضعتها السلطات على المقيمين في هوبي، قررت الصين وضع أي من العائدين إلى ووهان قيد الحجر الصحي لمدة 14 يوما، وإلا تعرض للعقوبة.

وعانت السلطات من صعوبات أثناء توفير أدوات ومعدات الوقاية مثل الكمامات، والنظارات والسترات الواقية للمستشفيات في هوبي.

وبينما تواجه الصين انتقادات لطريقة التعامل مع انتشار الفيروس، يرى محللون أن هناك محاولة لإظهار قيادات الحزب الشيوعي الحاكم في صورة متخذي القرارات الحاسمة لمكافحة المرض.

https://www.bbc.com/arabic/world-51522045

أ. إقرؤوا النص أعلاه واستخرجوا الأفكار الأساسية في النص

A. Find the main ideas in the above text.

1 ....

2 ....

3 ....

4 ....

ب أعطوا ما يناسب مايلي باللغة الإنجليزية

B. Give the equivalent in English for the following.

1 تزامنت تصريحات = ...

2 جاء ذلك في كلمة ألقاها = ...

3 وتداولت عدة قنوات ومواقع إخبارية محلية هذه النتائج = ...

4 وعلى صعيد آخر = ...

5 وفي وقت لاحق = ...

6 من جانبها، هنَّأت حركة النهضة قيس سعيد ....

ج ضعوا مايلي في جمل مفيدة

C. Use the following in meaningful sentences.

1 صناديق الاقتراع

....

2 حملة انتخابية مكثفة

....

3 مراقبو الإنتخابات

....

4 الأحزاب المتنافسة

....

5 شعارات انتخابية

....

6 برامج الأحزاب

....

Text 2 **النص 2**

فيروس كورونا: مقاطعة هوبي الصينية منشأة الوباء تحظر حركات السيارات لوقف انتشاره

أعلنت السلطات في مقاطعة هوبي، مركز انتشار فيروس كورونا الجديد، وسط الصين، فرض حظر على حركة السيارات في أنحاء المقاطعة في محاولة لوقف انتشار الفيروس.

ومن المقرر أن تجري السلطات "فحصا طبيا دوريا" لسكان المقاطعة مع التأكيد على أنه لن يتم السماح لأي مؤسسة باستئناف العمل دون الحصول على تصريح من الحكومة المحلية.

ويستثني حظر الحركة سيارات الإسعاف والشرطة ونقل الأطعمة وغير ذلك من الخدمات العامة.

وأعلنت السلطات في الصين انخفاضا في عدد حالات الإصابة بالفيروس لليوم الثالث على التوالي.

وتأكدت الأحد إصابة 2009 أشخاص، ووفاة 142 آخرين بسبب الفيروس في عموم الصين.

وشهد عدد الحالات المكتشفة حديثا ارتفاعا حادا في الأسبوع الماضي عقب تغيير في طريقة الإحصاء التي تتبعها السلطات الطبية في الصين، لكنه عاود الانخفاض مرة ثانية.

وهناك 500 مصاب بفيروس كورونا في 30 دولة مع ارتفاع عدد الوفيات بسبب الفيروس خارج الصين إلى أربع حالات في فرنسا وجزيرة هونغ كونغ (الصينية) والفلبين واليابان.

وقال وانغ يي، وزير خارجية الصين، قبل الإعلان عن أحدث الإحصائيات، إن هناك تراجعا ملحوظا في عدد الإصابات الجديدة. وقال إن "الوباء تحت السيطرة بشكل عام".

وأضاف: "بذلنا كل الجهود الممكنة على مستوى المكافحة والحد من انتشار هذا الوباء، وهي الجهود الشاملة التي أعتقد أنه ليس بإمكان أي دولة أخرى القيام بها."

وأشاد تيدروس أدهانوم غيبريسوس، مدير منظمة الصحة العالمية، السبت بالجهود الصينية على صعيد "التعامل مع الفيروس".

وقال إن "الصين اشترت الوقت للعالم. لكن لا ندري كم من الوقت، نشجع على أن يحذو الجميع حذوها، خاصة وأننا لم نر بعد انتشارا على نطاق واسع للمرض خارج الصين."

كيف تتكيف الصين مع الوضع؟

لا يزال عشرات الملايين في الصين يعانون من فرض قيود صارمة على أنشطة الحياة اليومية في إطار الجهود الحكومية الرامية إلى الحد من انتشار المرض.

وتتركز أغلب هذه القيود في ولاية هوبي الصينية، وعاصمتها مدينة ووهان، التي لا تزال معزولة عن باقي أجزاء الصين.

وقال وزير خارجية الصين إن تراجع عدد الإصابات الجديدة تزامن مع ارتفاع في معدلات الشفاء من المرض.

وفي إطار القيود التي وضعتها السلطات على المقيمين في هوبي، قررت الصين وضع أي من العائدين إلى ووهان قيد الحجر الصحي لمدة 14 يوما، وإلا تعرض للعقوبة.

وعانت السلطات من صعوبات أثناء توفير أدوات ومعدات الوقاية مثل الكمامات، والنظارات والسترات الواقية للمستشفيات في هوبي.

وتوفي ستة من العاملين في قطاع الرعاية الطبية بسبب الفيروس أثناء المشاركة في أنشطة المكافحة.

ونشرت وسائل إعلام صينية حديثا متلفزا للرئيس الصيني شي جينبنيغ في وقت سابق من هذا الشهر قال فيه إنه أصدر تعليمات في السابع من يناير/ كانون الثاني الماضي باحتواء الفيروس.

وكان المسؤولون في ووهان في ذلك الوقت يقللون من خطورة الوضع على مستوى انتشار كورونا الجديد، إذا استبعدوا تحوله إلى وباء.

ويرجح خطاب الرئيس الصيني أن كبار المسؤولين في بكين كانوا على علم بخطورة الفيروس قبل نشر هذه المعلومات في وسائل الإعلام.

وبينما تواجه الصين انتقادات لطريقة التعامل مع انتشار الفيروس، يرى محللون أن هناك محاولة لإظهار قيادات الحزب الشيوعي الحاكم في صورة متخذي القرارات الحاسمة لمكافحة المرض.

https://www.bbc.com/arabic/world-51522045

أ- لخصوا باللغة الإنجليزية المقال الإخباري أعلاه:

A. Provide a summary in English for the above news report.

....

....

....

....

....

....

....

....

....

....

ب. حدّدوا أهم الأفكار الأساسية للنص أعلاه

B. Specify the main topics in the above text.

....	**1**
....	**2**
....	**3**
....	**4**

ج. استخرجوا من النص الأفعال والعبارات التي تدل على مايلي:

C. Find verbs and phrases from the text which express the following:

1	انتشار الفيروس: ....
2	آثار الفيروس على الناس: ....
3	ارتفاع إصابات الفيروس: ....
4	الحد من الفيروس: ....

4.5   Writing an essay in Arabic — 4.5   كيفية كتابة إنشاء/ مقال أدبي

Before we introduce you to writing essays and articles, you should consider punctuation in writing Arabic essays and articles. Inaccurate use of punctuation can affect the flow of your argument.

Punctuation — علامات الترقيم

1- علامة الترقيم : الفاصلة (،)   comma (,)

توضع الفاصلة بين أجزاء الجمل و بعد لفظ المنادى

أ- بين الجمل المعطوفة على بعضها البعض :

.... للمسجد النبوي في عهد الرسول – صلى الله عليه وسلم- ، صحن سوره من اللبن ، وأساسه من الحجارة ، ولم يكن لرحبته سقف ..

ومن استخدماتها المعروفة :

ب- استخدام الفاصلة بين المفردات المعطوفة ببعضها البعض:

المدن المغربية المشهورة ، هي : الرباط ، الدار البيضاء ، مراكش ، طنجة ، و أغادير.

د- بعد حرف الجواب في أول الجملة : (نعم ، لا ، بلى ، كلا)

مثال:

....نعم ، لقد إلتقيت به بالأمس .

هـ- بعد المنادى :

....يا سعيد ، لا تتأخر عن الموعد المحدد.

2- علامة الترقيم :الفاصلة تحتها نقطة (؛) **semicolon (;)**

تأتي بين جملتين إحداهما سبب حدوث الأخرى

المثال : **إذا إتصلت به ؛ فـأخبرني عن حاله.**

3- علامة الترقيم : النقطة (.) **full stop (.)**

توضع في نهاية الجملة أو الفقرة أو المعنى

المثال : **العمل الدؤوب أساس النجاح.**

4- علامة الترقيم : النقطتان (:) **colon (:)**

توضع قبل القول المنقول أو ما في معناه

المثال : **وردّا على قولها قال بوش:"..........................."**

5- علامة الترقيم : علامة الحذف (...) **ellipsis (...)**

توضع للدلالة على كلام محذوف من النص

المثال : **صرخت باكية ... ثم غادرت المكان نحو الجموع المحتشدة**

6- علامة الترقيم :علامة الاستفهام (؟) **question mark (?)**

بعد صيغة السؤال أو الاستفهام

المثال : **ماذا ستفعل هذا المساء؟**

7- علامة الترقيم : علامة التعجب (!) **exclamation mark (!)**

توضع بعد كلمة أو جملة أو معنى متعجب منه

المثال :ما أروع الطبيعة وأهلها!

توضع بعد مواقف الانفعال المؤثرة ؛ ومنها : الرهبة ، والدهشة ، والرغبة ، والمدح ، والذم ..مثال:

- **يا ليتنا نملك ما يملك جارنا !**
- **حبذا الشجاع! وبئس الجبان!**

8- علامة الاقتباس (" ")   double quotation mark (" ")

تستخدم علامة الاقتباس في المواضع الآتية :

أ- عند اقتباس كلام الآخر بالحرف و تستعمل للتمييز بين كلام الكاتب وغيره

.....اعترف العلماء والفلاسفة والمؤرخون في العالم بفضل حضارة العرب ، ويقول جوستاف لوبون:

" كانت كتب العرب المرجع الوحيد لعلوم الطبيعة والكيمياء والفلك في أوروبا مدة تزيد على خمسة قرون"

ب- تستخدم عند ذكر عناوين كتب أو مقالات أو أبحاث :

مثال : قرأت كتاب "ألف ليلة وليلة" ووجدته ممتعا جدّا

ج- تستخدم عند الحديث عن لفظة ومناقشة معانيها واستخدامها، وليس في سياق الكلمة: مثال:

الاسم الذي يتبع "إنّ" يكون دائما منصوبا

9- علامة الترقيم : الشرطة المعترضة (-)   hyphen (-)

توضع قبل وبعد الجملة الاعتراضية لتبين كلاما إضافيا

المثال : إني – وبكل حزن عميق – أعبرعن تعازيي الحارة لكم ولأسرتكم الكريمة.

10- علامة الترقيم : القوسان الحاصرتان ([ ])   square brackets [ ]

يوضع بينهما كلام ليس من النص أصلاً، أو زائد عليه. 10

المثال :فشل الرئيس الأمريكي [جورج بوش] في إقناع العالم بشن حرب على العراق.

11- علامة الترقيم : القوسان ( )   round brackets ( )

يوضع بينهما أرقام أو مرجع داخل النص

المثال : احتلت أمريكا العراق عام (2003).

21- علامة الاستفهام التعجبي ؟!

تأتي علامة التعجب مع الاستفهام إذا كان السؤال يشتمل على معنى يفيد التعجب و الدهشة:

كيف كتبت هذا الكتاب الجديد؟!

Writing an essay or article   كتابة مقال

Writing an essay in Arabic can be at times a difficult task for both native speakers and learners of Arabic as a foreign language. Below are few guidelines on how to write an essay in Arabic.

Getting started on your essay

The first thing you need to think about before embarking on your writing is to decide on a topic. What do you want to write about, how are you going to write it and who is your reader? Answering these questions will help you put the basic foundation of your essay in place. Following this, you need to put together a plan/outline for your essay.

Planning your essay

Start brainstorming and think about:

- The main topic for your essay
- The secondary ideas that would support your main idea
- Your line of argument

Building a framework for your essay

Building a framework for your essay means establishing an outline for your essay by writing down the main topic and the way it would be elaborated. Here you should introduce the subtopics/sub-ideas that would support your main topic.

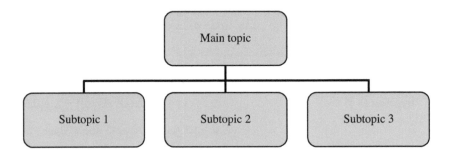

Writing a draft of your essay

Try to follow the outline of your essay in your draft. This will help you organise your thoughts and arguments. Bear in mind:

- Introductory paragraph of your essay: this should be designed to attract your reader's attention.
- Essay body: your subtopics contribute to the expansion of the argument of your essay. Make sure that each paragraph in the essay body is linked to the main idea in your introductory paragraph. While putting forward your ideas, do not forget to cement your argument with examples, facts and statistics.
- Remember that your arguments should convince your reader.
- Make sure that your essay is cohesive, with paragraphs and sentences that are connected to each other. Non-cohesive sentences and paragraphs might affect the effectiveness of your style.
- Conclusion: this should serve as a reminder of the main ideas you have discussed in the bulk of your essay. Do not forget to leave your reader with something to think about.

Reviewing and revising your writing

Leave your draft for a while and then go back to it. Check the structure of your essay; the way ideas are structured and linked to each other. Are there any things you wish to add or omit from the body of your essay?

Do not hesitate to make new changes to your draft.

Proofreading your essay

It is recommended that an expert in the subject or a native speaker of the language read your essay. Different pairs of eyes can spot things that are invisible to you. Proofreading would include looking at details of punctuation and grammar in your writing.

Small errors of punctuation and grammar can at times spoil the reader's enjoyment.

You might find it useful to consult the following website:
<http://howtowriteanessay.com/index.html>

Structure of the article / هيكل المقال

يتكون المقال من ثلاثة أجزاء هي:

المقدمة:
- تمهيد
- أفكار عامة
- هدف الموضوع
- أهمية الموضوع

الموضوع:
- الشرح الوافي
- الأمثلة والتحليل
- تقسيم الموضوع
- التفسيرات والآراء
- أدلة الموضوع

الخاتمة: النتائج والخلاصة

Sample 1 / نموذج 1

... وتأجل الشأن العربي سنة أخرى!

لا أحد خرج سعيداً من القمة، ولا أحد خرج تعيساً، لا من الذين حضروا بأشخاصهم أو ممن أنابوا موظفيهم، أو من بين الذين ناموا عشية الانعقاد يحلمون بفشلها أو الذين عاشوا أياماً عديدة في وهم نجاحها. حتى السيدة كوندي والسيد تشيني لم يكونا من السعداء، فالسوريون لم ينعزلوا ومقاطعة القمة التي راهنا عليها، وربما سعيا إليها، لم تكن على المستوى المطلوب. الأكثرية خرجت من القمة كما دخلت، فقد علمتها تجارب القمم السابقة دروساً رسخت ولم يطرأ جديد في العالم العربي أو العالم الخارجي يمكن أن يبدل هذه الدروس أو يفقدها قيمتها. علمتها التجارب وعلمتنا:

أولاً: أن الحكام العرب راسخون عندما يتعلق الأمر بمصالحهم. لا شيء في الداخل، حتى أقوى ما في تراث شعوبهم وانفعالاتهم، ولا شيء في الخارج، حتى تحالفاتهم مع أقوى دول الأرض، قادرعلى إقناعهم بتغيير أساليب الحكم أو تعديل سياسات تعودوا عليها أو استقرت عليها طبقاتهم الحاكمة لفترة طالت أم قصرت. هكذا فتر الإصلاح بعد فترة قصيرة للغاية صعدت فيها آمال جماهير العرب وتطلعاتهم واطمأنت حكومات الغرب إلى نيات حكومات المنطقة.

ثانياً: على عكس ما يظن الكثيرون في العالم العربي وخارجه، لم يحدث أن كانت النية خالصة وراء قرار مقاطعة دولة عضو في الجامعة أو عزلها أو فرض العقوبات عليها. ففي كل مرة اتخذت القمة أو مجلس الجامعة قراراً بالمقاطعة أو العزل تعمدت الدول أن تبقي مع الدولة المحكوم عليها بالحصار أبواباً مفتوحة للاتصال وامتنعت عن الالتزام بحرفية القرار الجماعي. حدث هذا عندما تعرضت حكومة الأردن للعقاب بعد أن ضم الملك عبدالله أراضي فلسطينية إلى شرق الأردن، وحدث عندما غضب بعض العرب من الرئيس بورقيبة بسبب ما عرف وقتها بتصريحات أريحا، وحدث عندما غضبت الأكثرية من الرئيس السادات بسبب زيارته لإسرائيل وتوقيعه اتفاق الصلح في كمب ديفيد. بل إنه في أشد الحالات، كما حدث مع العراق في أعقاب غزو الكويت، لم يدم طويلاً التزام الجامعة العربية بعزل العراق على رغم أن المقاطعة كانت بقرار دولي وإرادة عليا من جانب الدولة الأعظم.

ثالثاً: يستاء البعض منا، أي من المراقبين والمتابعين للرأي العام العربي، حين يستمع لأول مرة إلى انتقادات صارخة أو ساخرة يوجهها أحد أعضاء القمة إلى القمة في مجموعها وفي أثناء انعقادها بمن حضر ومن غاب. ما لا يعرفه الكثيرون من المواطنين العرب أن هذا السلوك أمر عادي في سلوكيات مؤسسات العمل العربي المشترك على مستوياتها كافة. وربما كان أحد السلوكيات التي تنفرد بها القمة العربية تحديداً ولا تشاركها فيها قمة إقليمية أو دولية أخرى. يبدو لي أن القادة العرب ربما صاروا يستحسنون هذا النوع من النقد الذاتي أو الانتقاد الساخر للتسلية بعد ساعات من الملل أو استعداداً لساعات أطول من الضيق والتبرم. نعرف الآن بعد حوالي عشر قمم استثنائية وعشرين قمة عادية أن جلد الذات عادة قمم كما هي عادة شعوب ونخب. ما أشدها وقعاً عبارة تكررت في القمم كافة على ألسنة قادة عرب تبدأ بالكلمات التالية، "إخواننا العرب مسؤولون عن كذا وكذا"... أو "إخواننا العرب لم ينفذوا ما اتفقوا عليه"، والمنطقي أن يسأل الحاضرون جميعاً أنفسهم هل يوجد نوعان من العرب في العالم العربي، عرب للتقصير وعرب للالتزام، أو يوجد عرب عرب وعرب أقل "عرب" وعرب "غير عرب".

رابعاً: خرجت من قراءة مستفيضة لتاريخ القمم بقاعدة بسيطة ومركبة في آن واحد، هي أن القمة العربية مؤسسة عربية كاشفة لاجتماع نقيضين بارزين في السلوك السياسي العربي. فالسياسات العربية الجماعية تعبّر من خلال هذه القمم عن حال مثلى من الثقة بالنفس وبخاصة حين تتكلم القمة وتصدر بيانات وقرارات تندد فيها بأعمال إسرائيل العدوانية أو يأتي ذكر نيات إيران التوسعية. هنا لا يظهر أي شعور بالقلق أو الخوف من الغزو الإسرائيلي أو خطر التوسع الإيراني، ربما اطمئناناً إلى العنصر الخارجي الذي يضمن عدم وقوع هذا الخطر أو ذاك. في الوقت نفسه يظهر واضحاً، من فحوى البيانات والقرارات، أن القمة غير مطمئنة على الإطلاق إلى ردود فعل شعوبها تجاه الطرفين، احتمال توسع إسرائيلي واحتمال زيادة في النفوذ الإيراني. هنا لا تنفع الأحلاف الأجنبية والتطمينات الدولية، وهنا تتعاظم الفجوة بين الثقة الزائدة في الحماية الأجنبية والثقة المنقوصة في رد فعل الشعوب، أو على الأقل ردود فعل تيارات المعارضة والمقاومة، ورؤيتها الخاصة لنيات الآخرين.

جميل مطر

أ- إقرؤوا النص أعلاه واستخرجوا الأفكار العامة. ماذا تلاحظون عن سياق حدوثهم ؟

A. What are the main ideas of the above text? What do you notice about where they occur?

1 ....
2 ....
3 ....
4 ....
5 ....

ب - إقرؤوا النص أعلاه واستخرجوا العبارات التي تدل على المقدمة والخاتمة

B. Find the main expressions for the introduction and conclusion in the above text.

المقدمة:

....

....

....

الخاتمة:

....

....

....

ج- استخرجوا الروابط التي تمّ استخدامها في النص وحدّدوا نوعها

C. What type of connectors are used in the text?

الروابط	نوعها

د- إقرؤوا النص وأعطوا مرادفات ما تحته خط

D. Give synonyms for the underlined words and phrases in the text.

ه- لخصوا النص أعلاه مستخدمين العبارات في 4.2 أ.

E. Summarise the above text using the phrases in section 4.2.A.

....

....

....

....

....

....

....

....

....

و- علقوا على أسلوب الكاتب في النص أعلاه

F. Comment on the style used in the above text

....

....

....

....

....

....

....

....

Sample 2 نموذج 2

الواجب المنزلي بين التأييد والمعارضة

- واجب .. مريح!
- سياسة المدرسة نحو الواجب
- الأسرة و الواجب المنزلي!
- الواجب مؤذٍ
- دعهم يلعبون
- مهم للوالدين!
- في حاجة لوقت إضافي:
- متعب لي ولزوجتي!

نموذج كتابي:

الواجب المنزلي بين التأييد والمعارضة

يمثل الواجب المنزلي كابوساً مزعجاً لكل طفل، خصوصاً إذا تذكر أنه لم يحل واجبه في الوقت الذي يحين فيه عرض برنامجه التليفزيوني المفضل عند ذلك يسرع إلى أداء واجبه على عجل لعله يلحق ببعض من متعة المشاهدة المفقودة، وتكون النتيجة عند ذلك انخفاض واضح في معدل التركيز والتحصيل. لكن أليس هناك حل لهذه القضية المؤلمة؟ . (لويز روبنسون) التي تعمل في مجال التصميم تقدم لنا خطة إرشادية مكونة من خمس خطوات لأداء الواجب المنزلي، خصوصاً وأنها اتبعتها ـ حينما كانت طالبة ـ وساعدتها كثيراً في الحصول على فرصة حقيقية لمواصلة تعليمها.

واجب .. مريح!

إذا أردت أداء واجبك المنزلي بشكل مريح فعليك اتباع الخطة التالية:

1 تجنب الشعور بالضجر والملل ، وأن تحرص على أخذ فسحة من الراحة أثناء أداء الواجب المنزلي فهو يساعدك على التركيز والانتباه.

2 تأكد من أن تأخذ إلى جوارك مشروباً أو مأكولاً خفيفاً يغنيك عن الذهاب من حين لآخر إلى المطبخ مما يفقدك متابعة عملك ويقطع عليك حبل أفكارك.

3 لا تخش طلب المساعدة من والديك ، إذ لا يعد هذا الأمر غشاً بالضرورة ، لأنه لو كان بوسعهما أن يشرحا مسألة لك ، فسيغنيك هذا عن ضياع الوقت والجلوس دون طائل إلا قضم أظفارك.

4 لا تخش من سؤال مدرسك أو معلمك لتستفسر منه عما يُشكل عليك في حل واجبك، لأن أسوأ شيء في الدنيا ، أن تعود إلى منزلك وتكتشف أنك لم تفهم المهام المطلوبة منك ، عند ذلك لن تجد تعاطفاً يُذكر من مُعلمك حينما يحين موعد تسليم واجبك في اليوم التالي.

5 تجنب تأجيل أداء واجبك ، وحاول أن تشرع في حله فور أن تُكلف به ، فقد يستغرق حله نحو ساعة أو يزيد قليلاً ، ولكنك ما إن تنتهي ستجد أن باقي ساعات اليوم ملك يديك وأن بوسعك أن تهدأ وتستمتع بمزيد من الراحة.

سياسة المدرسة نحو الواجب

ورداً على سؤال: هل تلتزم المدرسة بسياسة معيّنة بشأن الواجب المنزلي؟ أشار أكثر من النصف (56%) إلى تبني منطقتهم التعليمية لسياسة محددة في فرض الواجب المنزلي، بينما أجاب (39%) بالنفي و (5%) بعدم التأكد ورأى (80%) من الذين تم استطلاع آرائهم أن على المناطق التعليمية أن يكون لها سياسة بخصوص الواجب المنزلي، وخالفهم الرأي (12%)، وقال (8%) انهم غير متأكدين من الإجابة.

الأسرة و الواجب المنزلي!

وانقسم الأفراد المستطلع رأيهم حول التساؤل الخاص بوجوب أن يقوم الوالدان أو أفراد الأسرة بمساعدة الطلاب في حل واجبهم المنزلي، حيث أجاب (43%) تقريباً بـ (لا) بينما أجاب (39%) بـ (نعم) ولم يحدد (18%) موقفهم لعدم تأكدهم من الإجابة.

الواجب مؤذٍ!

إحدى السيدات تقول: يعمل الأطفال بمنتهى الجد طوال اليوم الدراسي في منطقتنا، ولذلك اعتبر تكليفهم بأداء كثير من الواجبات المنزلية عملاً ضاراً ومؤذياً، فالأطفال في حاجة لأن يشعروا بطفولتهم من خلال إتاحة الفرصة أمامهم لممارسة ألعابهم. والواقع أننا لا نلتزم سياسة محددة في هذا المضمار، وقد يكون من الأفضل لو يقوم المدرسون على الأقل بإنعاش الحوار بين مستويات الصف الواحد بحيث إذا انتقل الطلاب مثلاً من الصف الثالث إلي الصف الرابع، لا يقعون في ورطة شديدة بسبب أطنان الواجبات المنزلية التي يُكلفون بها في الصف الرابع، ولم يسبق لهم أن ما رسوها من قبل.

دعهم يلعبون!

لا أعتقد أن من واجب المدارس أن تكلف طلابها بأي واجبات منزلية على الإطلاق. علموا الطلاب في المدارس فقط، بعد ذلك اتركوهم يعودون لديارهم حيث يلعبون الكرة أو يقرؤون كتاباً ما أو حتى يتسكعون مع أصدقائهم ، يجب تقييد حرية المعلمين في العدوان على حياة الطلاب أو المساس بها من خلال فرض واجبات منزلية ضعيفة المستوى ومكررة ومملة، ومضيعة للوقت.

مهم للوالدين!

أحد الآباء يقول إن الواجب المنزلي أحد المظاهر الحيوية والمهمة لتعليم جميع الطلاب وذلك لأنه يعزز المهارات والمعلومات التي تشكل جزءاً من التعليم اليومي. علاوة على ذلك، يتيح الواجب المنزلي للآباء والمعلمين العمل معاً بأسلوب تعاوني فالآباء والأمهات يشجعون أبناءهم الطلاب على استكمال الدروس التي كلفهم بها المعلمون. ويسهم الواجب المنزلي أيضاً في إطلاع الوالدين على ما يتم تدريسه في المنهج الدراسي ولذلك أؤيد إعطاء الطلاب واجباً منزلياً من كل قلبي وذلك لإيماني المطلق بفائدته.

في حاجة لوقت إضافي:

السيد حسن يعمل مدرساً للّغات الأجنبية ويرى عن قناعة أن الواجب المنزلي شيء مهم وجوهري. ويقول : إذا أخذنا بعين الاعتبار أن الطلاب يقضون (50 دقيقة) يومياً (زمن الحصة الدراسية) في مواجهة المعلم ،

يصبح من الضروري أن يقضوا وقتاً أكبر كي يستوعبوا الدرس، وقد وجدت أيضاً أن الاهتمام المنزلي أمر جوهري للغاية حتى يفهم الطلاب بالضبط المهارات التي يتحصلون عليها، ويروا أيضاً تطبيقاً فورياً لواجبهم المنزلي في اليوم التالي في الفصل . ويميل جميع طلابي إلى أداء واجبهم كل ليلة بانتظام .

متعب لي ولزوجتي!

مدرس يشكو من الواجب فيقول: أعمل أنا وزوجتي كمعلمين. وعند عودتنا إلى منزلنا بعد يوم عمل شاق يكون آخر ما نتمناه الشجار مع أطفالنا كي يحلّوا واجباتهم المنزلية. والواقع أن من الضروري جداً بالنسبة لنا هو الحصول على وقت مشترك نستطيع أن ننجز فيه شؤون الأسرة ويستمتع كل منا بصحبة الآخر دون أن نضطر لإرهاق أنفسنا في جدل حول حل الواجبات المنزلية.

أ. إقرؤوا النص أعلاه واستخرجوا الأفكار الأساسية

A. What are the main ideas in the above text?

1 ....
2 ....
3 ....
4 ....

ب- أعيدوا كتابة العبارات والجمل التالية بأسلوبكم الخاص

B. Rewrite the following sentences using your own words.

1 أحد الآباء يقول إن الواجب المنزلي أحد المظاهر الحيوية والمهمة لتعليم جميع الطلاب وذلك لأنه يعزز المهارات والمعلومات التي تشكل جزءاً من التعليم اليومي
....

2 يمثل الواجب المنزلي كابوساً مزعجاً لكل طفل، خصوصاً إذا تذكر أنه لم يحل واجبه في الوقت الذي يحين فيه عرض برنامجه التلفزيوني المفضل
....

3 لا تخش طلب المساعدة من والديك ، إذ لا يعد هذا الأمر غشاً بالضرورة، لأنه لو كان بوسعهما أن يشرحا مسألة لك، فسيغنيك هذا عن ضياع الوقت والجلوس دون طائل إلا قضم أظفارك.
....

4 فالأطفال في حاجة لأن يشعروا بطفولتهم من خلال إتاحة الفرصة أمامهم لممارسة ألعابهم
....

5 أؤيد إعطاء الطلاب واجباً منزلياً من كل قلبي وذلك لإيماني المطلق بفائدته.
....
....

ج- لخصوا النص أعلاه باللغة الإنجليزية

C. Provide a précis in English of the above text.

....

....

....

....

....

....

....

د. استخرجوا من النص الروابط التالية

D. Find the following type of connectors from the text.

1   روابط الإضافة

....

2   روابط الاستدراك

....

3   روابط الزمن

....

4.6   Introducing a TV show | 4.6   نموذج مقدمة لبرنامج تلفزيوني:

Consider the following when writing an introduction to a show to be aired on television.

مقدمة:

–   افتتاحية: تحية المشاهد أو المستمع
–   طرح أرضية النقاش
–   تقديم مختصر للموضوع
–   تقديم ضيوف الحلقة

سيداتي وسادتي أهلا وسهلا بكم في برنامج "الوجه الآخر" . في حلقة اليوم من البرنامج سنناقش البرامج التعليمية في العالم العربي. وسنحاول الإجابة عن الأسئلة التالية:

1   هل البرامج التعليمية في العالم العربي متطورة وتساير العصر الحديث؟
2   هل بامكان المتخرّجين من الجامعات العربيّة المنافسة على مناصب دوليّة؟

للإجابة على هذه الأسئلة نستضيف في حلقة اليوم الدكتور .... المتخصّص في طرق مناهج التدريس بجامعة ليدز. والأستاذة .... المتخصصة في مجال التشغيل والبحث العلمي بجامعة دمشق.

أ. اكتبوا مقدمة لبرنامج تلفزيوني تعرضون فيها الموضوع التالي

A. Write an introduction to a TV programme introducing the following topic.

الأزمة الاقتصادية العالمية وتأثيرها على سوق العمل

....

....

....

....

....

....

....

UNIT 5 CREATIVE WRITING

الوحدة الخامسة: الكتابات الإبداعية

1 ما هي القصة القصيرة؟
2 ممّ تتكون القصة القصيرة؟

5.1 What is a short story in Arabic? — 5.1 تعريف القصة القصيرة

A short story is a form of prose writing which tells a fictional, or sometimes real, story. Writing a short story is an arduous task which requires meticulous planning and familiarity with Arabic short story writing techniques. Whether you are a beginner or professional writer, having a good knowledge of the techniques of writing a short story will make your task easier and encourage you to be more creative.

Before starting your writing, it is advisable to follow these steps:

1. Familiarise yourself with Arabic short stories. Read as many Arabic short stories as you can. Choose renowned authors and read them.
2. Think of a story which will constitute the bulk of your writing. Collect any ideas related to the story.
3. Establish your framework. Your story should be structured in a way that grabs the reader's attention. Your story should have a climax (a turning point in a story brought about by conflict between characters or within a character) and a resolution.
4. Decide who will narrate the story, i.e. which pronoun are you going to use: the first or third person.
5. Choose your characters carefully. Make sure you know enough details about your characters.
6. Start writing your short story. Be prepared to change your plans if you feel that would help in creating a good story.
7. When revising and editing your first draft, you should consider the following:
    - Carefully examine your language and style.
    - Be aware of the Arabic narrative register.
    - Be creative in your use of language, as Arabic short stories are rich in rhetorical features.
8. Seek a second opinion about your short story. Having your short story reviewed gives you the opportunity to hear others' opinions. Accommodate any suggestions from your reviewers.

5.2 Rhetorical features of the Arabic short story — 5.2 ملامح بلاغية

Before we look at the structure of the short story, it would be useful to consider some of the common rhetorical features that can be used in short stories.

Simile

التشبيه:

تعريفه:

لغة: التمثيل ، نقول هذا شبه هذا أي مثيله.

أركانه:

للتشبيه أربعة أركان وهي:

1 المشبه، وهو: الشيء الذي يراد إلحاقه بغيره
2 المشبه به ، وهو: الشيء الذي يلحق به (المشبه)
3 وجه الشبه، وهو: الوصف المشترك بين الطرفين ، ويشترط فيه أن يكون في المشبه به أقوى منه في المشبه ، وقد يذكر وقد يحذف.
4 أداة التشبيه، وهي: اللفظ الذي يدل على التشبيه ويربط المشبه بالمشبه به ، وقد تذكر وقد تحذف.

أداة التشبيه ثلاثة أنواع:

1 حروف : الكاف - كأن
2 أسماء: مثل ، شبه، مشابه، مماثل، مساوي.
3 أفعال: يحاكي، يضاهي، يشابه، يماثل، يساوي.

والتشبيه أقسام:

1 تشبيه مرسل: ما ذكرت فيه أداة التشبيه: محمد كالأسد شجاعة
2 تشبيه مؤكد: وهو ما حذفت منه أداة التشبيه: محمد أسد
3 التشبيه المجمل: وهو ما حذف منه وجه الشبه، مثل: ألفاظه كالعسل
4 التشبيه المفصل هو ما ذكر فيه وجه الشبه: ألفاظه كالعسل حلاوة.

من التشبيهات التي جرت بها العادة عند العرب:

الشجاع بالأسد، الوجه الحسن بالشمس والقمر، الشعر الأسود بالليل، الخيل بالريح أو البرق، الشيب بالنهار، واسع العلم بالبحر، القاسي بالحديد والصخر، البليد بالحمار.

الخصال:

الكريم بحاتم، العادل بعمر، الحكيم بلقمان، الظالم بالحجاج، الطاغية بفرعون.

أ- استخرجوا التشبيه من النص التالي وحدّدوا أركانه.

A. Find the different types of simile in the following text.

كنت أتجول في شوارع مدينة فاس فإذا بي أرى فتاة جميلة شعرها ليل ووجهها قمر ونظرتها ابتسامة. مشيت دون التفاتة وأنا أفكر في جمال الخالق ليقع بصري على رجل يمدّ يده إلى المارّة ، ثيابه ممزّقة كالمتسول ، وشعره ملوث كالمحارب، صوته ضعيف يحاكي المريض في لحظة الاحتضار. قلت لنفسي هذه تناقضات الحياة. هناك الغني والفقير، المتعلم والجاهل. صرت في طريقي وأنا أتساءل لماذا هذا التناقض؟ وأنا في حيرة من أمري فإذا بطفل صغير يبلغ الحادية عشرة من عمره يقاطعني بصوت عال قائلا:

"السلام عليكم" ، فمضى قائلاً: التلميذ جندي ، محفظته سلاحه وقلمه بندقيته وعدوه الجهل. استغربت لهذه المقارنة الرائعة التي خرجت من فم طفل يضاهي الرجل ذكاء، لم يذق بعد تجربة الحياة الصعبة. مشيت في طريقي والتعب يبدو واضحا على وجهي كالفلاح المكدّ تحت حرارة الشمس الساطعة. رجعت إلى مدينتي و صورة مدينة فاس المتناقضة ظلت تخيّم على ذهني وعقلي.

ب- ضعوا الكلمات التالية في جمل تحتوي على تشبيه:

B. Form simile sentences from the words in brackets.

(زيد – رياضي – حركة)   (الجو – الماء – صفاء)

(نادية – الوردة – جمال)   (الحصان – القطار – سرعة)

ج- أعطوا مثالين للتشبيه المرسل والمؤكد.

C. Give two examples for التشبيه المرسل والمؤكد

Assonance

الجناس

هو تشابه لفظين في النطق واختلافهما في المعنى.

وهو أنواع منها:

الجناس التام: ويكون عندما يتفق اللفظان في أربعة أشياء وهي:

- نوع الحروف
- عددها
- ترتيبها
- وهيأتها من الحركات والسكنات

هذان اللفظان يكون معناهما مختلفان: مثلا: الساعة:

1. يبدأ درس النحو والترجمة **الساعة** العاشرة صباحا
2. أغادر الجامعة **الساعة** الخامسة مساء
3. يؤمن المسلمون بيوم **الساعة**
4. **حرّرت** قوات التحالف اليهود من التسلط النازي.
5. **حرّرت** مقالا لجريدة الشرق الأوسط

الساعة في المثال الأول تعني المدة الزمنية ، وفي المثال الثالث تعني يوم القيامة.

حرّر في المثال الرابع تعني جعلتهم أحرارا ، وفي المثال الخامس تعني كتب أو نشر.

الجناس غير التام: وهو ما اختلف فيه اللفظان في واحد أو أكثر من الأشياء الأربعة السابقة الذكر:

1. توفي جدّي وأنا ابن السادسة من عمري
2. عملت كل جهدي للحصول على المرتبة الأولى

(الخيل والخير – الفرح والمرح – فرّ وكرّ)

الجناس المحرّف: هو اختلاف هيئات الحروف الحاصلة من حركاتها وسكناتها:

1. لبست بردا يقيني من البرد
2. حضرت خطبة أختي
3. سمعت خطبة الإمام

جناس القلب: اختلاف اللفظين في ترتيب الحروف

1. عورة و روعة

الحقيقة والمجاز و الاستعارة Literary metaphor

الحقيقة هي استخدام اللفظ في معناه الحقيقي الذي وضع له في الأصل:

يكتب الطالب الدرس

المجاز هو استخدام اللفظ في غير معناه الحقيقي الذي وضع له في الأصل:

زلزل الخبر أعصابي

رأيت قمرا في الجامعة: رأيت فتاة جميلة كالقمر في الجامعة (فحذفت المشبه (فتاة) والأداة (الكاف) ووجه الشبه (الجمال) وألحقه بقرينة (الجامعة)

زيد أسد

أ. استعملوا كلا من الألفاظ التالية استعمالا مجازيا:

A. Form metaphorical sentences from the following.

القمر - البحر - الموج

....

....

....

....

ب- استعملوا كلا من الأفعال التالية استعمالا حقيقيا ومجازيا

B. Use the following metaphorically and literarily in sentences.

مشى - مات - ابتعد - فرح

....

....

....

....

....

....

ج- استخرجوا المجاز من النّص التالي:

C. List metaphors used in the following text.

كان الجو صيفا وكنت أتجول بجانب شاطئ البحر. فاستقبلتني الأمواج استقبالا حارا بصوت يثير السعادة والفرح في النفس الإنسانية. أما الرمال الذهبية فقد حيّت بدفءٍ قدميّ. أما النجوم فقد أنارت طريقي

وخلصتني من قبضة الظلام الحالك. أما نسيم البحر فقد بسط يديه على الشاطئ وجعلني أستمتع بكل خطوة أخطوها بجانب البحر. لقد كانت تجربة رائعة فتحت صدري وعقلي للطبيعة وعناصرها.

الكناية

Metonymy

This refers to the substitution of a thing's attribute or feature for the name of the thing itself, for example Windy City = Chicago.

- زرت **مدينة الضباب**
- وقف **ضيوف الرحمان** على عرفة
- التقيت **بحاتم الطائي**
- لم أزر الغابة خوفا من **ملك الغابة**

الكناية لفظ يتكلم عن شئ والمراد به غيره.

أ. استخرجوا الكناية من الأبيات التالية

A. List metonymy used in the following verses.

طويل النجاد رفيع العماد   كثير الرماد ...

فلما شربناها ودب دبيبها   إلى موطن الأسرار قلت لها: قفي

....

....

....

....

....

التعجب

The sublime

لأسلوب التعجب الاصطلاحي صيغتان:

(ما أَفْعَلَ) و(أَفْعِلْ بـ).

- فعندما نتعجب من جمال شيء أو قبحه أو ضخامته أو غير ذلك نستخدم هاتين الصيغتين للدلالة على أن هذا الشيء على غير المعتاد، فنقول مثلا:
- **ما أروعَ الطالب**
- **ما أجمل الربيع**
- **ما أضخم المدينة**
- **ما أقبح فعله**

بنصب (الطالب ، والربيع) على أنهما مفعول به.

ممّ يتكون أسلوب التعجب؟

يتكون أسلوب التعجب من صيغتن:

(ما أفعل)

1 **ما التعجبية**: وهي اسم مبني في محل رفع مبتدأ- بمعنى شيء عظيم-.
2 **أفعلَ**: وهي فعل ماض مبني على الفتح، والفاعل ضمير مستتر وجوبا تقدير (هو) يعود على ما التعجبية.
3 **المتعجب منه**: يعتبر مفعولا به، والجملة الفعلية (جملة أفعل..) في محل رفع خبر المبتدأ (ما) التعجبية.

ومعنى الجملة (ما أجمل الشمس)= شيء عظيم جمَّلَ الشمس.

أما الصيغة الثانية(أفعلْ بـ) ، فتتكون من:

1 **أفعلْ**: وهو فعل ماض جاء على صورة الأمر، مبني على الفتح المقدر.
2 **الباء**: وهي حرف جر زائد، مبني على الكسر.
3 **المتعجب منه**: ويعرب فاعلا مرفوعا بعلامة مقدرة منع من ظهورها حركة حرف الجر الزائد.

ومعنى الجملة: (أجملْ بالشمس) = (جملت الشمس).

التمني Wish

أمثلة:

1 ألا ليت الشباب يعود يوما فأخبره بما فعل المشيب
2 ليت الليل كان شهرا ومرّ نهاره مرّ السحاب
3 ياليت لنا ما أوتي قارون
4 هل: هل لي من سبيل إلى الصديق
5 لو : أيا ليلى لو تشعرين بحالي
6 لعل: لعلك ترى وضعي فتشفق مني.

تعليق

1 نلاحظ في البيت الأول أن الشاعر يتمنى رجوع الشباب مرة ثانية لكن الطلب مستحيل. فالشباب لا يعود والانسان قد بلغ سن الكبر/الهرم.
2 وفي البيت الثاني يتمنى الشاعر لو أن الليل طويل كالشهر وأن النهار يمضي بسرعة. لكن تمنيه لا يمكن حدوثه.

التمني هو طلب الحصول على شئ محبوب لا يرجى حصوله ، إما لكونه مستحيلا ، وإما لكونه ممكنا غير مطموح في نيله.

للتمني أداة هي "ليت" وثلاث غير أصلية تنوب عنها ويتمنى بها وهي:

هل: هل لي من سبيل إلى الصديق

لو : أيا ليلى لو تشعرين بحالي

لعل: لعلك ترى وضعي فتشفق مني.

إذا كان الشئ مستحيل التحقق أصبح الطلب ترجيا ويعبّر فيه ب "لعل" و "عسى".

الطباق Antithesis

An opposition or contrast of words or sentiments occurring in the same sentence.

الأمثلة:

1 سلي إن جهلت الناس عنا وعنهم فليس سواء عالم وجهول
2 يبكي ويضحك لا حزنا ولا فرحا كعاشق خط سطرا في الهوى ومحا

3 فيوم علينا ويوم لنا ويوم نساء ويوم نسر
4 هل يستوي الذين يجتهدون والذين لا يجتهدون؟

تعليق:

إذا تأملنا هذه الأمثلة نلاحظ أن كلا منها يشتمل على شيء وضده. ففي المثال الأول نجد "عالم" و "جهول" ، وفي المثال الثاني "يبكي" و "يضحك" وفي المثال الثالث : "علينا" و "لنا" "نساء" و "نسر". هذا النوع من الطباق يسمى: **طباق الإيجاب**

أما في البيت الرابع فنلاحظ أنه يشتمل على فعلين من أصل واحد أحدهما ايجابي "مثبت" و الآخر سلبي "منفي" ، وبهذا الاختلاف صارا ضدين: وهذا يسمى **طباق السلب**

الطباق هو الجمع بين الشيء وضده ، وهو نوعان:

طباق الإيجاب: وهو ما اتفق فيه الضدان إيجابا وسلبا: ضحك # بكى

طباق السلب: وهو ما اختلف فيه الضدان إيجابا وسلبا ، كأن يؤتى بفعلين أحدهما مثبت والآخر منفي: حضروا وما حضروا

5.3 Arabic short story features — 5.3 ملامح القصة القصيرة

Now let us consider some of the techniques used in writing Arabic short stories. As in English, Arabic short stories are rich and colourful and written with a variety of techniques.

1 **تعريف المصطلح:**
قصّ تعني حكى و كلمة قصّة = حكاية

2 **النص القصصي**: يحتوي النص القصصي على 3 أبعاد و هي:
الحكاية: هي جملة أحداث تدور في إطار زماني و مكاني ما. تتكلم عن شخصيات قد تكون واقعية أو خيالية من فعل السارد.

السرد: الفعل الذي يقوم به السارد أو الراوي و ينتج عنها النص القصصي المتمثل في النص المروي أو المكتوب (خطاب ، لفظ).

الخطاب القصصي أو النص: العناصر اللغوية المستعملة في السرد.

3 **الترتيب الزمني**: هناك زمنان يمكن الحديث عنهما:
ا) زمن الحكاية: الوقت الذي رويت فيه الحكاية
ب) زمن الخطاب: ترتيب السارد للأحداث نعني هنا الوقت الذي كتبت فيه القصة.

هذا التصنيف الزمني مهم جدا لأنه يظهر كيفية تدخل السارد في الزمن السردي. فهناك نوعان من التنافر الزمني:

السوابق: تعني الإشارة إلى حدث قبل وصوله و تسمى هذه العملية بسبق الأحداث

اللواحق: ايراد حدث سابق للنقطة الزمنية التي بلغها السرد وتسمى كذلك بالاستذكار.

المجمل: ملخص سرد أيام و شهور، سنوات من حياة الشخص دون تفعيل للأفعال و الأقوال و ذلك في بضعة أسطر (تلخيص وجيز)

التوقف: توقف من سرد الأحداث (وصف شيء يتعلق بالشخصيات قبل ظهور الحدث) أو تقديم انطباع عن شخصية ما وهذا يسمى وصف ذاتي

الإضمار: هو الجزء المسقط من القصة سواء نص السارد على ديمومة هذا الإسقاط كأن يقول: **و مرت خمس سنوات ، مضى زمان وجاء زمان**

4 السرد القصصي:

مستويات السرد:

ا) السرد الابتدائي: عندما يكتب مؤلف رواية أو قصة فهذا سرد ابتدائي.
ب) السرد الثانوي: هو سرد حكاية ثانوية.

وظائف السارد:

وظيفة بدهية هي السرد

وظيفة تنسيق هنا السارد يصبح مسؤولا عن التنظيم الداخلي للخطاب القصصي (تذكير بالأحداث، ربط لها...) إعداد عمل السارد مسبقا:" سأقص عليكم.."

وظيفة ابلاغ: تتجلى في إبلاغ رسالة للقارئ (مغزى أخلاقي..)

وظيفة استشهادية: هنا السارد يبيّن المصدر الذي أخذ منه معلوماته

وظيفة ايديولوجية أو تعليقية: النشاط التفسيري أو التأويلي للراوي.

وظيفةإافهامية أو تأثيرية: تتمثل في إدماج القارئ في عالم القصة و محاولة إقناعه.

وظيفة انطباعية أو تعبيرية: تعبير السارد عن أفكار و مشاعرخاصة: سيرة ذاتية.

نموذج 1 — Sample 1

أ. إقرؤوا القصة التالية وأجيبوا عن الأسئلة أسفله

حفلة تنكرية

أخيرا..عزمت على السفر.

لما وجدت أن لا بد مما ليس منه بد ، وأن ذيول القضية تشعبت وتفرعت، وتعدد الذين يمسكون بأطرافها، حتى باتت تحتاج الى مراجعات ومقابلات واتصالات مع معارف ووسطاء وموظفين كبار وصغار، وأختام وتواقيع، وانتظار هذا والوقوف بباب ذاك، والرجاء والشكوى وشرح الحال وبذل المال.

أما لماذا لم أقرر إلا أخيرا، فهذا أمر يتعلق بطبعي، إذ صرت أكره السفر إلى المدن الكبيرة..الحياة فيها ميدان سباق، الناس يتحركون كخلية نحل..ازدحام في الشوارع والساحات والمحلات والدوائر والفنادق. واني لأعجب كيف لايصطدم البشر بعضهم ببعض في هذا الزحام الذى يختلط فيه الكبير والصغير والمرأة والرجل والموظف والعامل والبائع والمشتري..فتتدافع الأكتاف والصدور والظهور، وتتشابك الأذرع والسيقان.

عندما وصلت أخذت حقيبتي الصغيرة وقصدت فندقا متواضعا أقضي فيه ليلتي، لعلي أستيقظ في الصباح نشيطا فأنجز ما جئت من أجله.

لم أشعر بالنعاس..حاولت دون جدوى..في رأسي صور وأفكار عديدة..تقض مضجعي، تهوي على ذاكرتي مثل مطارق ثقيلة فتطرد النوم من عيني.

قلت في سري:لأخرج الى المدينة..أمشي قليلا، لعل ذلك يروح عني فتهدأ نفسي ويقارب النعاس أجفاني.

تذكرت كيف قضيت في هذه المدينة الكبيرة سنوات عدة، للدراسة في جامعتها. كانت الأيام غير هذه الأيام. كان للمدينة جمال ساحر ورائحة مميزة...وكم كنا نسير في طرقاتها ليلا، بعد تعب الدرس والقراءة.

نشرب الماء البارد من مناهلها المنتشرة في الحارات ونشم رائحة الياسمين والفل، نقطف باقة صغيرة نزين بهاغرفتنا المتواضعة.

ومصادفة...التقيته.. صديق قديم ، لم أره منذ سنوات..هو غريب مثلي، استهوته المدينة فاستقرّ فيها بعد أن وجد وظيفة مناسبة. وبعد سلام وعناق وسؤال قال:

- لن أتركك الليلة، أنت ضيفي، وأنا وحيد مثلك، سافرت زوجتي الى البلد..مارأيك أن نقضي السهرة في مكان عام ونستعيد أيام زمان.

أردت أن أعتذر..

قال: يارجل..فرصة مثل هذه قلما تأتي.

قلت:عندي عمل كثير ،يجب أن أنجزه غدا.

قال :لا تخف..مازال حتى الغد وقت طويل،هيا بنا.

سألته:الى أين؟

رد قائلا:اختر أنت.

-أنا ...؟

واستطردت ضاحكا: أنا لاأعرف كثيرا في هذه المدينة فقد تغيرت تماما.

-هذا صحيح..لقد تغيرت ..كل ما فيها تغير البشر والحجر، فكما يقول صاحبنا هيراقليطس إنك لا تسبح في النهر الواحد مرتين..لأن مياها جديدة تجرى من حولك دائما.

صمت لحظة ثم أضاف متسائلا:

-ما رأيك بحفلة تنكرية؟

لم أتكلم..أردت أن أرفض، إلا أن الفكرة استهوتني.

استطرد قائلا:سوف ترى عالما آخر.

ثم عقب مازحا:هي فرصة يارجل فاغتنمها قبل أن ارجع في كلامي.

انطلقت بنا السيارة الى فندق ذى نجوم خمس..شعرت بشيء من الرهبة والوجل، وأنا ألج عالما لا أعرفه من قبل.

الأبواب الزجاجية تفتح وتغلق آليا..شد انتباهي إعلان عند مدخل الصالة الكبيرة..قرأت..الدخول باللباس الرسمي، يرجى التقيد بذلك.

استوقفت رفيقي..أشرت الى اللوحة. قال موضحا: ما بك يارجل!هذا مكان لا يرتاده إلا علية القوم.

أضاف ضاحكا كعادته: وأنا وأنت.

رحب بنا النادل،انحنى لنا، كان يرتدي ثيابا سوداء وربطة عنق أنيقة، حييته ومددت يدي مصافحا..شدّني رفيقي وقال هامسا:

-ماذا تفعل؟ صحيح أنك بدوي.

جلسنا على كرسيين متقابلين، تتوسطنا طاولة فوقها صحون وملاعق وأقداح وعلبة محارم ورقية وزجاجة ماء..

تلفت حولي..ليس بين الرواد من يضع قناعا أو يرتدى ثيابا تنكرية، فقلت في سري:هل هذه هي الحفلة التنكرية التي وعدني بها؟ وأضفت:ربما لم تبدأ بعد.

إبراهيم خريط

http://www.syrianstory.com/ibrahim-k.htm

أ. حدّدوا الأفكار الأساسية للقصة أعلاه

A. Find the main topics for the above short story.

1 ....
2 ....
3 ....
4 ....

ب. استخرجوا الملامح البلاغية الموجودة في القصة

B. Find some rhetorical features in the story.

الملامح البلاغية	أمثلة من النص

ج- استخرجوا الروابط الموجودة في القصة وحدّدوا نوعها

C. Find the main Arabic connectors in the above story.

نوع الرابط	مثال من النص

ه - لخّصوا القصة أعلاه باللغة العربية

D. Write a précis in Arabic of the above short story.

....

....

....

....

....

....

....

و. أعيدوا كتابة مايلي بأسلوبكم الخاص

E. Paraphrase the following.

1 صرت أكره السفر إلى المدن الكبيرة...الحياة فيها ميدان سباق، الناس يتحركون كخلية نحل.. ازدحام في الشوارع والساحات والمحلات والدوائر والفنادق.

....

....

2 حاولت دون جدوى..في رأسي صور وأفكار عديدة...تقض مضجعي، تهوي على ذاكرتي مثل مطارق ثقيلة فتطرد النوم من عيني.

....

....

3 ليس بين الرواد من يضع قناعا أو يرتدى ثيابا تنكرية، فقلت في سري: هل هذه هي الحفلة التنكرية التي وعدني بها؟ وأضفت: ربما لم تبدأ بعد.

....

....

Sample 2 نموذج 2

قصة شجرة عجوز

يحكى أنه فى وقت من الأوقات كانت هناك شجرة مورقة بشدة فى إحدى الغابات، حيث كانت الأوراق تنمو بغزارة على الأغصان الفارغة . بينما جذورها كانت تضرب فى أعماق التربة . وهكذا كانت هذه الشجرة هى المتميزة بين باقي الأشجار .

أصبحت هذه الشجرة مأوى للطيور . حيث بنت الطيور أعشاشها وعاشت فوق أغصانها . صنعت الطيور أوكارها بحفر جذعها ، ووضعت بيضها الذى راح يفقس فى ظلال عظمة هذه الشجرة . فشعرت الشجرة بالسرور من كثرة الصحبة لها خلال أيامها الطويلة . وكان الناس ممتنين لوجود هذه الشجرة العظيمة . لأنهم كانوا يأتون مراراً ليستظلوا بظلها . حيث كانوا يفترشون تحت أغصانها ويفتحون حقائبهم ليتناولوا طعام رحلتهم . وفى كل مرة عند عودة الناس لبيوتهم كانوا يعبّرون عن مدى فائدة هذه الشجرة العظيمة لهم . وكانت الشجرة تشعر بالفخر لسماعها ثنائهم عليها .

ولكن مرت السنين . وبدأت الشجرة تمرض . وراحت أوراقها وأغصانها تتساقط . ثم نحل جذعها وصار باهت اللون . وراحت العظمة التى كانت قد اعتادتها تخفت وتضيع تدريجياً . حتى الطيور صارت تتردد فى بناء أعشاشها فوقها. ولم يعد أحد يأتى ليستظل بظلها . بكت الشجرة وقالت " يالله ، لماذا صارت علىّ

كل هذه الصعوبات ؟ أنا أحتاج لأصدقاء. والآن لا أحد يقترب إليّ . لماذا نزعت عني كل المجد الذى كنت قد تعودته ؟ . وصرخت الشجرة بصوت عال حتى تردد صدى بكائها فى كل الغابة " لماذا لا أموت وأسقط ، حتى لا أعانى ما أعانيه ولا أقدر على تحمله ؟ " ، واستمرت الشجرة تبكى حتى غمرت دموعها جذعها الجاف .

مرت الفصول وتوالت الأيام ، ولم يتغير حال الشجرة العجوز. ولا زالت الشجرة تعاني من الوحدة . وراحت أغصانها تجف أكثر فأكثر. وكانت الشجرة تبكي طوال الليل وحتى بزوغ الصباح .

" سو....سو...سو " ، آوه ماهذه الضجة ؟ إنه طائر صغير خرج لتوه من البيضة. وعلى هذا الصوت استيقظت الشجرة العجوز من أحلام يومها .

" سو....سو...سو " ، وعلت الضوضاء أكثر فأكثر . وإذا بطائر صغير آخر يفقس من البيضة. ولم يمض وقت طويل حتى فقس طائر ثالث ورابع وخرجوا الى هذا العالم . فقالت الشجرة العجوز متعجبة " لقد سمع صلاتي وأجابها " .

فى اليوم التالى ، كانت هناك طيور كثيرة تطير لتحط على الشجرة العجوز . وراحوا يبنون عشوشا جديدة . كما لو أن الأغصان الجافة جذبت انتباههم ليبنوا عشوشهم هناك . وشعرت الطيور بدفء فى بقائها داخل الأغصان الجافة بدلا من أماكنها السابقة . راحت أعداد الطيور تتزايد وكذلك تنوعت أنواعها . فغمغمت الشجرة العجوز فرحة وهى تقول

" اوه ، الآن أيامى ستصير أكثر بهجة بوجودهم ههنا ."

عادت الشجرة العجوز إلى البهجة مرة أخرى ، و امتلأ قلبها حبوراً . بينما راحت شجرة صغيرة تنمو بالقرب من جذورها . وبدت الشجيرة الجديدة كما لو أنها تبتسم للشجرة العجوز. لأن دموع الشجرة العجوز هى التى صارت شجيرة صغيرة تكمل تكريسها للطبيعة .

صديقى العزيز ، هذه هى الطريقة التى تسير بها الأمور . فهل هناك درس تستخلصه من هذه القصة ؟ .نعم الله دائما لديه خطة سرية من أجلنا . الله القدير دائما ما يجاوب تساؤلاتنا . حتى حينما يكون من العسير تخمين النتائج ، ثق أن الله كلي القدرة يعرف ما هو الأفضل لنا .

Dina Fathy

http://popekirillos.net/ar/stories/23.php

أ. استخرجوا ملامح القصة القصيرة من القصة أعلاه

A. List some of the short story techniques used in the above story.

....

....

....

....

....

....

....

....

....

ب. اقرؤوا القصة أعلاه واستخرجوا مايلي:

B. Find the following in the above story.

الترتيب الزمني للقصة:

....

....

مجمل القصة

....

....

وظائف السارد

....

....

عنصر التشويق في القصة

....

....

UNIT 6 ARABIC EXPRESSIONS AND VOCABULARY IN CONTEXT

الوحدة السادسة: تعابير في سياقها

This unit presents a wide range of Arabic expressions and terminologies in context. The impetus behind this is to allow learners to acquire and learn some of these expressions and use them in their own writing. Selected expressions are pertinent to key themes, some of which are introduced almost on a daily basis in media. The key themes include diplomacy, environment, economy, democracy, conflicts, power and authority, as well as relevant connectors. Some of these expressions and themes have been broken down to smaller units, followed with exercises for ease of comprehension.

6.1 Diplomatic expressions — 6.1 عبارات دبلوماسية

عاد الهدوء — calm returned
عاد الهدوء نسبيا إلى المدينة بعد خطاب الرئيس

تقريب الهوة — bridge the gap
يحاول المفاوضون تقريب الهوة السياسية بين أمريكا وإيران

معالجة الثغرات — filling gaps
قام دبلوماسيو البلد بمعالجة الثغرات السياسية القائمة بين البلدين

تراجع في الشعبية — a decline in popularity
تراجعت شعبية بلير بعد شنه حربا على العراق

تعزز سياساتها — strengthen policies
قامت بريطانيا بتعزيز سياستها الخارجية

تلميع الصورة — improving the image
تحاول الولايات المتحدة الأمريكية تلميع صورتها في العالمين العربي والإسلامي

سلسلة من الاقتراحات — series of suggestions
قدم مجلس الأمن سلسلة من الاقتراحات للأطراف المتنازعة لحل الخلاف بينهما

الجهود المبذولة — exerted efforts
رغم الجهود المبذولة لإنقاذ المشردين إلا أن حوالي 30 لايزالون في عداد المفقودين

الخيار الأخير — the last option
أعرب رئيس الولايات المتحدة الأمريكية أن العمل العسكري ضد إيران يعدّ الخيار الأخير

حظى بـ   to enjoy

حظي الرئيس بدعم شعبه في الانتخابات العامة

تأييد واسع   wide support

يشهد حزب العمال البريطاني تأييدا واسعا بين الطبقات الفقيرة

ساري المفعول   to be valid/ effective

أصبحت الاتفاقية سارية المفعول بعد التوقيع عليها من كل الأطراف

تمارين:

أ. ادرسوا العبارات أعلاه وأجيبوا عن الأسئلة التالية:

A. Study the above expressions and answer the following questions:

1   كان أداؤه ضعيفا خلال ولايته الرئاسية مما أدى إلى .... أمام الناخبين
2   قامت الولايات المتحدة الأمريكية بحملة إعلامية إيجابية .... في الشرق الأوسط
3   باتت الاتفاقية .... ابتداء من بداية هذا الشهر
4   دعا مجلس الأمن الطرفين للجلوس إلى ....
5   حظي مشروعها الانتخابي بـ .... أمام الطبقة الفقيرة
6   ذهبت كل الجهود المبذولة هباء .... بعد فشل المفاوضات بين الطرفين واندلاع الحرب بينهما
7   أصبح الاتفاق ساري .... بعد توقيع الطرفين عليه

Diplomatic expressions (continued)   عبارات دبلوماسية (تابع)

قنوات دبلوماسية   diplomatic channels

تمّ إعادة إنشاء القنوات الدبلوماسية بين ليبيا والعالم الغربي بعد إعلان ليبيا تخليها عن برنامجها النووي

وصل أسبابه بأسبابه   to join forces with someone

وصلت الولايات المتحدة أسبابها بأسباب بريطانيا في حربها على العراق

تقطعت الأسباب بين   relations between ..... are broken off

تقطعت الأسباب بين البلدين بعد أسر الجنديين

نقدا لاذعا   severe criticism/sharp criticism

وجّه وزير الخارجية الإيراني نقداً لاذعاً لبوش على سياسته الخارجية

عبّر عن   express

عبّر الاتحاد الأوروبي عن رفضه الحكم بالإعدام على صدام. فيما أشادت الولايات المتحدة بها

نقطة تحول   turning point

يعتبر زواجه بها نقطة تحول في حياته الشخصية

إجراءات وقائية   protective measures

قامت السلطات اليابانية بإجراءات وقائية لمساعدة المتضرّرين من شدّة الإعصار

الحالة الراهنة the status quo
عبّر المجتمع الدولي عن استيائه للحالة الراهنة في العراق

ينتهك الميثاق breach the charter
اعتبرت بعض الأوساط الدولية أن الحرب على العراق انتهكت الميثاق الدولي

المرحلة الأولى في المحادثات التمهيدية the first phase of the preliminary talk
اتفق الطرفان على وقف الحرب في المرحلة الأولى من المحادثات التمهيدية

اتخذ خطوة حاسمة take a decisive step
اتخذت الأمم المتحدة خطوة حاسمة في التعامل مع كوريا الشمالية

دون قيد أو شرط unconditionally
طلبت الأمم المتحدة الأطراف المتنازعة الدخول في المفاوضات دون قيد أو شرط

المصلحة المشتركة joint interest
جاءت الاتفاقية بين البلدين لتعزّز المصلحة الاقتصادية المشتركة بينهما

تعثر محادثات السلام peace talk stalled
تعثرت محادثات السلام بين الفلسطينيين والإسرائيليين بسبب عدم الاتفاق على عودة اللاجئين

انعقد held
انعقد المؤتمر لدراسة الأوضاع العراقية المترديّة

كانوا على طرفي نقيض they were at variance
كان المؤتمرون على طرفي نقيض فيما يخص قضايا حقوق الإنسان

شيء لا يقبل أخذا ولا ردا an indisputable matter
أكد مجلس الأمن الدولي أن مطلب حقوق الإنسان شيء لا يقبل الأخذ ولا الرّد

اتخذ قرارا to take a decision
اتخذ مجلس الأمن قرارا بفرض عقوبات على البلد المعتدي

الاتفاق النووي the nuclear agreement/deal
ظل الجدل يخيّم على الاتفاق النووي الإيراني والأوروبي

تمارين

ب. ادرسوا العبارات أعلاه وأجيبوا عن الأسئلة التالية:

B. Study the above expressions and answer the following questions:

1 اتخذت الحكومة إجراءات .... لحماية المستهلك
2 طالب الأمين العام للأمم المتحدة باحترام القانون الدولي والابتعاد عن .... الميثاق
3 اتخذت الجامعة خطوة .... لمواجهة تفشي المخدرات في الجامعة
4 كان الوزيران على طرفي .... فيما يخص موضوع البيئة
5 ساهم الاستيطان في .... السلام في الشرق الأوسط
6 أكد الوزير المكلف بحقوق الأجانب أن مطالبهم أمر .... ولا ردا

Diplomatic expressions (continued)	**عبارات دبلوماسية (تابع)**

revival of diplomatic relations

إحياء العلاقات الدبلوماسية

حاولت كل من كوريا الشمالية وأمريكا إحياء العلاقات الدبلوماسية بين بلديهما

resumption of diplomatic relations

استئناف العلاقات الدبلوماسية

تم استئناف العلاقات الدبلوماسية بين البلدين بعد انقطاع دام زهاء سنتين

come into force

أصبح ساري المفعول

أصبح القانون الجديد ساري المفعول ابتداء من اليوم

issued a statement

أصدر بيانا

أصدر الرئيس الجديد بيانا يستنكر فيه العدوان على البلد المجاور

binding by the agreement/treaty

الالتزام بالاتفاقية

صرّح وزير الخارجية الإيراني بأن بلده يدرك أهمية الالتزام بالاتفاقية الأوروبية الأمريكية

commitment to the implementation of the agreement/deal

الالتزام بتطبيق الاتفاق

دعا مجلس الأمن الأطراف

المتنازعة بالالتزام بتطبيق الاتفاق

to annul

ألغى (اتفاقية)

ألغى الرئيس الأمريكي ترامب الاتفاق النووي المبرم مع إيران

to lay the blame on

ألقى باللائمة

ألقى الرئيس باللائمة على مجموعات متطرفة فيما يخص الهجوم على البرلمان

contentious issues

أمور مثيرة للخلاف

لم ينتج عن المفاوضات أي اتفاق لأن بعض الأمور المثيرة للخلاف لازالت قائمة

violation of an agreement

انتهاك اتفاق

دعا الأمين العام للأمم المتحدة إلى احترام اتّفاقيّة جنيف في كل النزاعات. واعتبر أن انتهاكها سيكون له انعكاسات سلبيّة على حقوق الإنسان

violation of international law

انتهاك القانون الدولي

وتّهم بعض الدول الأوروبيّة روسيا بانتهاك القانون الدّولي بإلحاقها جزيرة القرم بروسيا

violation of the charter

انتهاك الميثاق

وقالت بعض منظمات حقوق الإنسان إنّ النّظام انتهك ميثاق حقوق الإنسان بقصف المناطق السّكنيّة

diplomatic activities

أنشطة دبلوماسية

قام رئيس الوزراء البريطاني بأنشطة دبلوماسية مكثفة تهدف إلى إقناع الطرف الأوروبي بخطة خروج بريطانيا من الاتحاد الأوروبي

diplomatic mission

بعثة دبلوماسية

وسيكون وزير الخارجيّة على رأس البعثة الدبلوماسيّة المتوجهة إلى الصين

بموجب الاتفاق under the agreement

قامت الشركة بتسوية مطالب العاملين في شركة مصانع الأسمنت الأردنيّة بموجب الاتفاقيّة العمّاليّة التي وقّعت بين النقابة العامة للعاملين في البناء والشركة.

تمارين

✓ ج- ادرسوا العبارات أعلاه وأجيبوا عن الأسئلة التالية:

C. Study the above expressions and answer the following questions:

1 وافق الطرفان على .... العلاقات الدبلوماسية بينهما بعد انقطاعها لسنوات
2 أصبح الاتفاق ساري .... بعد التوقيع عليه
3 ألغي الاتفاق .... مع البلد المجاور بعدما ثبت اختلال في .... الاتفاق
4 وصلت البعثة .... الإيرانية إلى باريس للتفاوض على النووي الإيراني
5 تبنى وزراء الخارجية الأوروبية .... يقضي بالحد من الهجرة غير الشرعية

Diplomatic expressions (continued) عبارات دبلوماسية (تابع)

تبنَّى قرارا adopt a resolution

تبنّى مجلس الأمن قرارا بالتدخل العسكري في ليبيا بينما عجز عن مثله في سوريا

تحالف دولي international coalition

وتسعى الولايات المتّحدة الأمريكيّة إلى تأسيس تحالف دولي لمواجهة تنظيم الدولة في سوريا والعراق

تحرك دبلوماسي diplomatic move

شهدت الآونة الأخيرة تحرّكا دبلوماسيّا ملحوظاً بهدف حلّ الأزمة السوريّة التي مضى عليها أكثر من أربع سنوات

تحسين العلاقات improvement of relations

تسعى كوريا الشمالية إلى تحسين علاقاتها مع الولايات المتحدة الأمريكية

تحسين الصورة refine the image; improve the image

قامت وزارة الخارجية الأمريكية بحملة مكثفة تسويقا لسياستها الخارجية من أجل تحسين صورتها في الخارج

التصعيد escalation

وعقدت اللّجان الشعبيّة مؤخرا مؤتمرا دعت فيه إلى التصعيد السلمي ضدّ الحكومة

تطبيع العلاقات normalisation of relations

هناك محاولات حثيثة لتطبيعِ العلاقات بين الطّرفين ولكن ذلك مرهون بالإرادة الشّعبيّة

تطبيق الاتفاق implementation of the agreement

طالبت الأمم المتّحدة الدول الأعضاء باحترام وتطبيق الاتفاقية الإطارية بشأن تغيُّر المناخ

تطور جديد new development
بعد مرور ثلاث سنوات على ما يعرف بالربيع العربي، أصبحت هناك حاجة متزايدة لوضع إطار هيكلي لفهم التطوّرات الإقليميّة الجديدة

تمثيل دبلوماسي diplomatic representation
تشير بعض التقارير إلى أنّ بريطانيا وإيران قد تعيدان التمثيل الدبلوماسي فيما بينهما

تنازلات concessions
قدّم الحزب الحاكم البريطاني تنازلات لمنافسه من أجل مساعدة الأخير له للتصويت على مشروع قرار رفع الرسوم الدراسيّة

تهديدات إرهابية terrorist threats
قامت الشرطة بإخلاء المكان إثر توصلها بتهديدات إرهابيّة

توصل إلى اتفاق reach an agreement
أعرب عن أمله بالتوصل إلى اتفاق ينهي أمد الحرب المشتعلة منذ عشر سنوات

حدة التوتر tension
خفّف الدبلوماسيّون الأجانب من حدّة التوتر القائم بين روسيا وأوكرانيا

حزب مؤيد للسلام dovish party
ويُعَدُّ الحزب اليساري حزبا مؤيّدا للسلام على عكس حزب اليمين الرّافض له بشدّة

حصانة دبلوماسية diplomatic immunity
يتمتع موظفو السّفارات بحصانة دبلوماسيّة تمنع عرضهم أمام محاكم الدّول التي تستضيفهم

رأب الصدع to heal the rift
تدخلت الأمم المتحدة لرأب الصدع بين الأطراف الليبية المتنازعة

رفع العقوبات removal of sanctions; lift of sanctions
أعلن المبعوث الأمريكي الخاص للسودان أنّ بلاده سترفع العقوبات المفروضة على السودان جزئيا من أجل تسهيل وصول المساعدات إلى الجنوب

زعزع استقرار to destabilise
أكدّ الرئيس أن المظاهرات القائمة في البلد تهدد أمن البلد وتزعزع استقراره

شروط مسبقة preconditions
طلبت الحكومة تسليمها الرهائن دون شروط مسبقة وإلاّ فإنّها ستقوم باقتحام المبنى الذي يتحصن فيه الخاطفون

صفحة جديدة a new chapter
وأكّدت جميع الفئات على ضرورة المصالحة الوطنيّة لمحو آثار الماضي وفتحِ صفحة جديدة

الطرق الدبلوماسية diplomatic channels
وشدّدت كلّ الأطراف على ضرورة حلّ الأزمة بالطرق الدبلوماسيّة والابتعاد عن سبل استخدام القوة

عائق a barrier; hurdle
هناك عائق كبير يحول دون تطبيق الخطة الجديدة وهو عدم توفر السيولة الماديّة الكافية للمشروع

عبّد الطريق to pave the way
عبّدت المحادثات الأولية الطريق لعودة المفاوضات حول البرنامج النووي الإيراني

عقد اتفاقية conclude an agreement
دعت بعض الدول إلى عقد اتفاقيّة تجعل منطقة الشرق الأوسط منطقة خالية من أسلحة الدمار الشامل

عقوبات مفروضة imposed sanctions
أعلن المبعوث الأمريكي الخاص للسودان أنّ بلاده سترفع العقوبات المفروضة على السودان جزئيا من أجل تسهيل وصول المساعدات إلى الجنوب

العلاقات العامة public relations
أعلنت الشركة عن رغبتها في توظيف شخص ذي خبرة كبيرة ليشغل منصب العلاقات العامة في الشركة

علاقات ثنائية bilateral relations
تناول اللقاء العلاقات الثنائية بين البلدين وآخر التطورات السياسيّة في المنطقة

عودة العلاقات الدبلوماسية resumption of diplomatic relations
وقّع الطرفان التركي والمصريّ مذكّرة تفاهم تقضي بعودة العلاقات الدبلوماسيّة والتجاريّة بين الطرفين

قطَع العلاقات الدبلوماسية to severe diplomatic relation
وهدّدت مصر بقطع العلاقات الدّبلوماسيّة مع قطر بسبب تغطية قناة الجزيرة

قطيعة دبلوماسية severing of diplomatic ties
مهّدت الاتفاقية الجديدة إلى توطيد العلاقات الدبلوماسية بين البلدين بعد قطيعة دبلوماسية دامت سنوات

محادثات ثنائية bilateral talks
قام الرئيسان بمحادثات ثنائية اتفقا من خلالها على طيّ صفحة الماضي

مفاوضات negotiations
أثمرت سياسة المفاوضات المبنية على الأخذ والعطاء عن التوصل إلى اتفاق مع إيران، بعد محادثات شاقة للغاية

موافقة بالإجماع unanimous agreement
وحظي القرار الأخير في مجلس الأمن بالموافقة بالإجماع بين أعضاء مجلس الأمن من غير اعتراض من أحد

نقاط الخلاف points of difference
أنهى المجتمعون المؤتمر دون توصل إلى اتفاق نظرا لنقاط الخلاف القائمة بين بعض المندوبين

وقف إطلاق النار ceasefire
طالبت قوّات المعارضة بنشر قوّات أمميّة على الأرض لمراقبة وقف إطلاق النار

تمارين

✓ ٥ - أكملوا الفراغات بالعبارات المناسبة

D. Fill in the gaps with appropriate expressions.

1 قام البلدان بفتح كل .... لمناقشة نقاط التوتر بينهما
2 كان فوزه بمنصب رئيس الوزراء .... طفرة كبيرة في حياته السياسية
3 قالت منظمات .... إن الوضع الحالي في اليمن جد سيء
4 اتفق الرئيسان على العمل سويا من أجل تعزيز .... بين بلديهما
5 كان وزراء خارجية أوروبا على .... فيما يخص خروج بريطانيا من الاتحاد الأوروبي
6 حاول المجتمعون تجاوز .... القائمة بينهم
7 وافق مجلس .... على مشروع قرار المحافظة على البيئة
8 أجرى وزيرا خارجية البلدين .... حول الوضع في الشرق الأوسط
9 استأنف البلدان .... بعد قطيعة دامت أكثر من سنتين
10 طالبت إيران الولايات المتحدة للجلوس إلى .... دون أي شروط مسبقة
11 ساهم اللقاء بين الرئيسين في تخفيف .... بين بلديهما
12 في خطوة دبلوماسية إيجابية أعاد البلدان .... بعد قطيعة دامت أكثر من 5 سنوات
13 انتهى الخلاف بين البلدين وعادت .... بينهما
14 على الرغم من خرقها القانون في البلد المضيف إلا أنها لم تحاكم لأنها تتمتع .... دبلوماسية

6.2 Environment-related expressions — 6.2 تعابير متعلقة بالبيئة

رياح عاتية violent storms

صاحب الإعصار أمطارا غزيرة ورياحا عاتية مما أدى إلى انهيار بعض المباني والمنازل.

إخماد النيران subdue fire

اقتحمت قوات محاربة الشغب الملعب لإخماد نار العنف

تضارب الأنباء conflicting news

تضاربت الأنباء حول خبر مقتل الرئيس

ألحق ضررا inflict harm

ألحق الطوفان الذي ضرب آسيا أضرارا بالبنى التحتية

آهلة بالسكان populous

هذه القرية آهلة بالسكان الأجانب

أتى على الأخضر واليابس wreak havoc/ destroy everything

أتى السونامي الذي ضرب شرق آسيا عام 2005 على الأخضر واليابس وخاصة في أندونيسيا

أصبح طعمة النيران consumed by fire

أصبحت الغابات في أستراليا طعمة النيران

منكوب afflicted

قام الرئيس بزيارة قصيرة الأمد إلى المناطق المنكوبة التي تعرضت لفيضانات عارمة

مأوى shelter

ويسكن أكثر من مليون شخص دون مأوى نتيجة تهدمِ منازلهم بسبب الحرب المشتعلة منذ أكثر من سنتين، فلهذا تسعى السلطات إلى تأمين مأوى لمن تضرّرت منازلهم جراء الحرب

إيواء المشردين shelter the disaffected or homeless

تدعو بعض المنظمات الحقوقية لاتخاذ كافة التدابير اللازمة لضمان حماية المشردين وتزويدهم بالضروريات الأساسية لمعيشتهم اليومية، فضلا عن توفير أماكن الإيواء وإصلاح المرافق العامة على وجه الاستعجال

توفير الإغاثة للناجين provide relief to survivors

قامت فرق الإنقاذ بتوفير الإغاثة للناجين من الفيضانات التي ضربت البلد

تحت الأنقاض under the debris/rubble

وعلى الرغم من مرور ثلاثة أيام على الزلزال فقد خرج بعض النّاجين من تحت الأنقاض

أمواج عاتية strong waves

ولم نتمكن من السّباحة اليوم نتيجة الأمواج العاتيّة التي ضربت الشاطئ

ضحايا فيضانات victims of flood

بلغ عدد ضحايا الفيضانات في الصين نحو سبعين قتيلا ومئة جريحٍ في إحصائيّة أوّليّة

الكارثة disaster

في كانون الأول من عام 2004 وقعت هزة أرضية قوية في المحيط الهندي. ولقي حوالي ثلاثمائة ألف شخص حتفهم في أعقاب موجة كارثة التسونامي التي اجتاحت شواطئ كل من سريلانكا، الهند، إندونيسيا، تايلاندا، ماليزيا وجزر المالديف

فيضانات عارمة strong flood

اجتاحت العاصمة الإندونيسيّة جاكرتا فيضانات عارمة ما تسبّب في توقف حركة المرور تماما

الانهيارات الأرضية erosion

وكانت هذه الانهيَارات الأرضية ناجمة عن الفيضانات العارمة التي ضربت البلد

عاصفة storm

ضربت عاصفة كبيرة القرية فخلفت خسائر كبيرة في المحاصيل الزراعية

موجة الحرارة heatwave

عرفت أوروبا هذا الصيف موجة حرارة مرتفعة أثرت على الأطفال والمسنين

المناخ climate

ظل المناخ متقلبا طوال السنة بسبب ظاهرة الاحتباس الحراري

الجفاف draught

عرفت بعض البلدان الأفريقية جفافا أدى إلى تراجع مياه الآبار ممّا أثّر سلبا على السكان

الاحتباس الحراري global warming

تؤثر ظاهرة الاحتباس الحراري بشكل كبير على حياة الكائنات الحية إذ تسببت في العديد من الكوارث البيئية

هزّة أرضية tremor; quake

عرفت بعض المدن اليابانية هزة أرضية أدّت إلى تساقط بعض البيوت القديمة

النشرة الجوية weather forecast
أعلنت النشرة الجوية أن الطقس سيعرف تقلبا كبيرا هذا الأسبوع حيث ستنخفض الحرارة إلى درجة تحت الصفر

ضباب كثيف tick cloud
تم إلغاء أغلب الرحلات بسبب الضباب الكثيف الذي خيّم على المطار

تمارين

✓ أ. أكملوا الفراغات بالعبارات المناسبة

A. Fill in the gaps with appropriate expressions.

1 عرف البلد فيضانات كبيرة و................ عاتية ألحقت أضرارا كبيرة في بعض المحاصيل الزراعية
2 أتى التسونامي على الأخضر و..................
3 قامت الحكومة بإجراءات جديدة .... المشردين
4 عملت منظمات إنسانية على توفير.................. للناجين من الزلزال الذي ضرب المنطقة
5 تسببت الفيضانات الكبيرة في .... أرضية أدت إلى تساقط بعض المنازل القديمة
6 تم انتشال ناجين من تحت ....

6.3 Expressions of corruption — 6.3 تعابير متعلقة بالفساد

يعيث في الأرض to ravage the earth
هذا الحاكم يعيث في الأرض فسادا

فساد سياسي political corruption
يشتكي الكثير من المواطنين من الفساد السياسي الذي ينخر البلد

مكافحة الفساد fighting corruption
عيّن الوزير لجنة خاصة لمكافحة الفساد الإداري

وحدة مكافحة الفساد anti-corruption unit
قامت وحدة مكافحة الفساد بتوقيف موظفين متهمين بالرشوة والفساد

فساد دبلوماسي diplomatic corruption
اتهمه خصمه بالفساد الدبلوماسي نظرا لمواقفه الدبلوماسية غير الواضحة من قضايا دولية لها أهمية كبيرة

إجراءات مكافحة الفساد action against corruption
اتخذ الرئيس الجديد إجراءات صارمة لمكافحة الفساد بكل أنواعه

تدابير مكافحة الفساد measures against corruption
قامت الحكومة باتخاذ تدابير مهمة لمكافحة الفساد الإداري

قانون مكافحة الفساد anti-corruption law
نوه أغلب المواطنين بقانون مكافحة الفساد الذي يهدف إلى معاقبة المرتشين

مكافحة الفساد fight against corruption
طالبت منظمات حقوقية بمكافحة الفساد بكل أنواعه وخاصة في البلدان الفقيرة

لجنة مكافحة الفساد anti-corruption commission
اتفق الطرفان على تشكيل لجنة مكافحة الفساد في البلد

وكالة مكافحة الفساد anti-corruption agency
تم تعيين رئيس وكالة مكافحة الفساد الدولية بعد استقالة رئيسها الحالي

اتفاقية منع ومكافحة الفساد convention on the prevention and combating of corruption
وقعت الحكومة الجديدة على اتفاقية منع ومكافحة الفساد والتي تهدف إلى الحد من انتشار الفساد والرشوة

فساد أخلاقي moral corruption
اتهمه زملاؤه بالفساد الأخلاقي نظرا لمعاملته السيئة لهم

يفسد to spread corruption
على الرغم من تحذيره مرات عديدة فقد ظل يفسد حتى تم إيقافه

ينشر الفساد to spread corruption
تمت محاكمة الرئيس بتهمة نشر الفساد

فساد الحكم government corruption
تدهور الاقتصاد وتراجعت قيمة العملة بسبب سوء التسيير وفساد الحكم

فساد دبلوماسي diplomatic corruption
اتهم السفير بالفساد الدبلوماسي نظرا لاستغلال نفوذه للتأثير على البلد المضيف

مكافحة الفساد anti-corruption
أصدرت الحكومة الجديدة قانونا جديدا لمكافحة الفساد بكل أنواعه

تمارين

✓ أتمموا الفراغات التالية بالعبارات المناسبة:

A. Fill in the gaps with appropriate words/phrases.

1 ظل .... فسادا .... حتى توفي
2 شكلت الحكومة الجديدة لجنة وطنية لـ .... الإداري الذي انتشر في جل القطاعات الحكومية
3 دعت منظمات حقوقية الرئيس لاتخاذ .... صارمة لـ .... السياسي والرشوة المنتشرة في البلد.
4 اعتبر خصمه ما يقوم به فساد ....، حيث يخالف مبدأ كل الأخلاقيات والمبادئ المتعارف عليها
5 وقف النائب أمام المحكمة بتهمة ....، والذي كان له أثر سلبي على الساكنة

6.4 Expressions of war and conflict	6.4 تعابير متعلقة بالحرب والنزاعات

pre-emptive strike	**الضربات الاستباقية**
	أدت أحداث الحادي عشر من سبتمبر إلى لجوء الولايات المتحدة إلى نظام الضربات الاستباقية
heavy blow	**ضربة قاضية**
	انسحب الملاكم من البطولة بعد تلقيه ضربة قاضية
full-scale attack	**هجوم شامل**
	شنت القوات الأمريكية هجوما شاملا على العراق
heavy losses	**خسائر فادحة**
	عرقل الإعصار حركة النقل والتنقل في المدينة وخارجها وترتبت عنه خسائر فادحة شملت المدينة وأهلها.
exchange of fire	**تبادل إطلاق النار**
	سُمع صباح اليوم صوت إطلاق النار بين عناصر من حركة طالبان والجيش الأفغاني بالقرب من محيط العاصمة كابول
lessen/ reduce tension	**إخماد التوتر**
	قامت السلطات بإخماد التوتر بين مناصري الفريقين
waves of raids	**موجة من الغارات**
	شنّت القوات موجة من الغارات على مواقع العدو
under the pretext of	**تحت ذريعة**
	تمّ غزو العراق تحت ذريعة وجود أسلحة الدمار الشامل
to dismantle; dismember	**مزّق الشّمل**
	مزّق شمل الاجتماع نظرا لأفكاره المعادية لكل الحاضرين
training camp	**معسكر تدريب**
	قصف معسكر تدريب للقاعدة في أفغانستان
inflict losses with	**ألحق خسائر بـ**
	ألحق الحصار الاقتصادي المفروض على البلد خسائر كبيرة بالبنية الاقتصادية للبلد
the war	**رحى الحرب**
	دارت رحى الحرب بين الولايات المتحدة وحركة طالبان
execution by firing squad	**إعدام رميا بالرصاص**
	طلب من سجانيه إعدامه رميا بالرصاص بدلا من شنقه
sentence to death	**حكم عليه بالإعدام**
	حكم على صدام حسين بالإعدام شنقا
eruption of war	**اندلاع حرب**
	رفضت روسيا هذه الخطوة خشية اندلاع حرب جديدة

استخدام القوة use of force
يخوّل هذا القرار استخدام القوة في حالة فشل المباحثات الدبلوماسية

ساد covered
سادت أعمال العنف مدينة بغداد؛ ساد الفساد الحكومة

تضارب – يتضارب – تضارب (الأفكار /الأنباء) conflict
تضاربت الأنباء حول اعتقال مدبر عملية الاغتيال.

لم تقتصر..... على.......... بل ... not confined to … but …
لم تقتصر أعمال العنف على العاصمة فقط بل امتدت لتشمل مدنا أخرى

:دمّر- يدمر – تدمير destroy
دمّر جيش العدو البنايات الحكومية

العبث بـ:
لا يسمح العبث بأمن واستقرار البلد

خضع لـ(المساءلة/المحاكمة/البحث/عملية جراحية/لفحص طبي) subject to
خضع المتهم للمساءلة في مخفر الشرطة

استخدم (القنابل المسيلة للدموع / الآليات العسكرية) use of
استخدمت الشرطة القنابل المسيلة للدموع في مواجهة الحشود الغاضبة

أصيب بـ(مرض مزمن/جروح خطيرة/نكسة قلبية/أزمة سياسية) sustain; incur
أصيب الجندي بجروح خطيرة أثناء مواجهة العدو

توخي (الحذر / الانزلاق في العنف / الكذب / الفوضى) be cautious
دعا الرئيس الشرطة إلى توخي الحذر في التعامل مع المتظاهرين

الجدل يستعرّ debate raged
بدأ الجدل يستعر حول كيفية وقف أحداث العنف والشغب

التهمت النيران consumed by fire
التهمت النيران السيارات والحافلات

فرض حظر التجول impose a curfew
فرضت الشرطة حظر التجول في المدينة

تمارين

✓ أ. اتمموا الفراغات التالية بالعبارات المناسبة:

A. Fill in the gaps with appropriate expressions

1 شن الجيش .... على العدو من أماكن مختلفة
2 تكبّد الجيش .... بعدما تمت مباغتته من طرف العدو

3 ألحق الجيش .... في عتاد العدو

4 استخدمت الشرطة .... لتفريق المتظاهرين

5 استخدمت الشرطة القنابل ....

6 .... البيت بكامله على الرغم من محاولة رجال الإطفاء إخماد الحريق

Expressions of war and conflict (continued)

cause death	**أوقع قتلى**
	أوقعت الهجمات قتلى وجرحى في صفوف المدنيين
open fire	**فتح النار على**
	فتحت عناصر الشرطة النّار على المتظاهرين
to strengthen one's side	**عزّز جانبا**
	عزّز الجيش جانبه الدفاعي والهجومي بمعدات حربية حديثة
on the open road	**على قارعة الطريق**
	وُجد الشاب مغميا عليه على قارعة الطريق
oust a regime	**الإطاحة بنظام**
	عرفت مدينة بغداد أعمال النهب والسرقة وإضرام النيران في أنابيب النفط بعد الإطاحة بنظام صدام حسين
cause casualties	**طاول ..... ضحايا**
	طاولت الهجمات ضحايا من المدنيين العزل
by land and sea	**برّا وبحرا**
	هاجمت القوات الأمريكية العراق برّا وبحرا
life threatening injuries	**جروح خطيرة**
	أصيب الجندي بجروح خطيرة في رأسه
minor injuries	**جروح طفيفة**
	أصيب السائق بجروح طفيفة خلال حادث سير
thwart an assassination attempt	**محاولة انقلاب فاشلة**
	استغلت المعارضة ضعف الرئيس السياسي فقامت بمحاولة انقلاب فاشلة
fuel of the cycle of violence	**وقود دورة العنف**
	هؤلاء وقود دورة العنف والتطرف
to storm	**اكتسح**
	اكتسح الجيش القرى والمدن الأفغانية
to sustain losses	**تكبّد خسائر**
	تكبّد الجيش خسائر فادحة في الأرواح والعتاد

إطلاق سراح
release/set free
دعا مجلس الأمن إلى إطلاق سراح كل المعتقلين خلال الحرب

مقابر جماعية
mass graves
تمّ العثور على مقابر جماعية في ضواحي بغداد

نزع الأسلحة
disarm
أصدر مجلس الأمن قراراً ينصّ على نزع أسلحة حزب الله

دروع بشرية
human shield
استخدم الجيش الأسرى كدروع بشرية من أجل صد الهجوم المعادي عليه

تهدّد
to threaten
تهدّد الحركات المسلحة أمن واستقرار البلد

اندلعت اشتباكات
clashes have erupted
اندلعت اشتباكات بين الجيشين عند الحدود

استهدف
to target
استهدف القصف أبراج مراقبة العدو

شنّ حربا
to wage a war on
شنّت الولايات المتحدة الأمريكية حربا على أفغانستان أعقاب هجمات الحادي عشر من سبتمبر

أطلق حربا من عقالها
to unleash a war
بعد فشل المفاوضات أطلق أحد الطرفين المتنازعين الحرب من عقالها

يأمل في
to wish/ to hope
يأمل الجميع في حل سلمي لقضية البرنامج النووي الكوري

خيّم شبح
the prospect of
خيّم شبح الحرب على العراق على المؤتمر الأوروبي

قوة دافعة
driving force
تعدّ الولايات المتّحدة قوة دافعة في الشرق الأوسط

حكم رسمي
official verdict
صدر حكم رسمي عن المحكمة يقضي بإعدام صدام حسين شنقا

إيرادات النفط
oil revenues
ترتفع إيرادات النفط الفرنسي بالثلث

المساعدات المقدمة
the provided aid
تجاوز حجم المساعدات المقدمة من الشعب البريطاني إلى ضحايا تسونامي كل التوقعات

محاربة الفقر
combating poverty
تعهدت منظمة التنمية والتعاون الاقتصادي بمحاربة الفقر في إفريقيا

أرباح طائلة staggering profits
حققت الشركات الأمريكية أرباحا طائلة في العراق

انتهاكات حقوق الإنسان breaches/violation of human rights
أعلنت منظمة حقوق الإنسان انتهاكات في إقليم دارفور وطالبت المجتمع الدولي بالتدخل لتحسين الأوضاع

التصدي إلى encounter/fight
دعا رئيس الوزراء البريطاني، بلير، المسلمين في بريطانيا إلى التصدي لكل أشكال الإرهاب

ساد الظلام plunge into darkness
ساد الظلام عقب انقطاع الكهرباء في المدينة

سقوط ضحايا fall of victims
أدت الهجمات إلى سقوط ضحايا من المدنيين العزل

تعرض لـ subject to
تعرض السجناء العراقيون للتعذيب في سجن أبو غريب

مصادر موثوقة reliable sources
صرحت مصادر موثوق بها أن الرئيس في حالة مرض مزمنة

تمارين

✓ ب أكملوا الفراغات بالعبارات المناسبة

B. Fill in the gaps with appropriate expressions.

1 باغتت القوات العدو بضربات ....
2 نتج عن الحرب في العراق خسائر .... في الأموال والعتاد
3 تدخل الرئيس الباكستاني .... التوتر بين السعودية وإيران
4 .... على صدام حسين بالإعدام
5 استخدمت الشرطة .... ضد المتظاهرين الذين أخلوا بالأمن وسلامة البلد
6 استخدمت الشرطة القنابل .... للدموع .... المتظاهرين
7 فرضت الحكومة قانون .... بسبب الأعمال التخريبية التي قام بها بعض المشاغبين
8 قاوم الجيش بكل ما لديه من قدرات لكنه تكبد................. فادحة في الأخير
9 .... القوات السعودية حربا على الحوثيين في اليمن
10 أعلنت مصادر .... أن الهجمات العسكرية الأخيرة قد أدت إلى سقوط ....
11 طالبت بعض البلدان الأوروبية إيران بنزع .... النووية
12 تمّ العثور على السيارة المسروقة على .... بعدما تم تفكيك أجزاء من محركها.
13 صرّحت وكالة الأنباء الوطنية بأن موكب الرئيس تعرض لمحاولة ....
14 تعرض لحادثة سير ولحسن الحظ تعرض ل...................... على مستوى الوجه
15 عزّز الفريق .... الهجومي باقتناء لاعبين جدد

6.5 Election expressions — 6.5 تعابير انتخابية

تزوير الانتخابات vote-rigging
اندلعت مظاهرات عنيفة في كينيا احتجاجا على تزوير الانتخابات

فاز فوزا ساحقا win a landslide victory
فاز حزب العمال فوزا ساحقا على نظيره المحافظ

المستقبل القريب the near future
عبّر الأمين العام للأمم المتحدة عن نيته زيارة الشرق الأوسط في المستقبل القريب

تزامن مع coincide with
تزامنت الانتخابات الرئاسية الأمريكية مع الانتخابات البرلمانية العراقية

تسليم السلطة hand over power
قامت الحكومة بتسليم السلطة للمعارضة

إجراءات حاسمة decisive action
قامت إدارة السجن باتخاذ إجراءات حاسمة لمنع بعض النزلاء من خرق القانون الداخلي للسجن

إجراءات عاجلة urgent measures
أخذت الحكومة إجراءات عاجلة لحفظ الأمن والاستقرار في البلد

أجرى انتخابات to hold elections
أجرت الحكومة المغربية انتخابات الجماعات المحليّة وسط إقبال كثيف للناخبين

أجّل الانتخابات to delay; to postpone elections
ويطالب القضاء بتأجيل الانتخابات البرلمانيّة لحين استقرار الأوضاع في البلد

أحجم عن التصويت to abstain from voting
أحجم أنصار الحزب عن التصويت في هذه الانتخابات

أحرز فوزا scored a victory
أحرز الرئيس فوزا مستحقا في المناظرة التي جمعته مع قادة المعارضة

الأحزاب المتنافسة contending parties
وتخوض الأحزاب البريطانيّة المتنافسة انتخابات البرلمان أوائل نيسان من السنة الجارية

أدلى بتصريحات announced; gave statements
أدلى الرئيس بتصريحات إلى الصحافة الوطنية تحدث من خلالها عن رفض بلاده التدخل الخارجي في شؤونها

استبعاد ruling out
رفضت بعض الفعاليات التونسية رفضا قاطعا مشروع قانون تحصين الثورة الهادف إلى استبعاد من كانت لهم علاقة وطيدة بالنظام السابق

استطلاعات الرأي opinion polls
وتشير بعض استطلاعات الرأي إلى عدم الارتياح الشعبي نتيجة القرار الحكومي الأخير القاضي بالزيادة في المحروقات

damaged a reputation; tarnished a reputation

أضرّ بسمعة

دعمه للانقلاب الفاشل قد أضرّ بسمعته المتمثلة في الدفاع عن الديمقراطية

majority

أغلبية

أدلت أغلبية الناخبين أصواتها لحزب العمال في الانتخابات العامة البريطانية

heavy turnout

إقبال كبير/كثيف

شهد اليوم الأول من الانتخابات البرلمانيّة إقبالا كبيرا /كثيفا من قبل الناخبين

secret ballot

اقتراع سري

وطالبت منظمات حقوقيّة النظام بتطبيق مبدأ الاقتراع السرّي في التصويت على التمديد للرئيس بولاية جديدة

absentee ballot

اقتراع غيابي

وافقت الحكومة على الاقتراع الغيابي على أن يقوم أحد أقارب الشخص بالتصويت بدلا عنه إذا كان يحمل ما يثبت هويته

absolute majority

أغلبية مطلقة

وفاز حزب الشعب الإسباني بأغلبيّة مطلقة في البرلمان

cancelled elections

ألغى الانتخابات

ألغت الحكومة الانتخابات التي كانت مقرّرة أول الشهر وأجّلتها حتّى وقت لاحق

municipal elections

الانتخابات البلدية

أعرب المجلس عن ارتياحه لإجراء الانتخابات البلدية في موعدها المقرّر في المحافظات اللبنانيّة

parliamentary elections

الانتخابات التشريعية

اكتسح الحزب القومي الأسكتلندي الانتخابات التشريعية في أسكتلندا

presidential elections

الانتخابات الرئاسية

أذنت الحكومة التونسية لمراقبين أجانب حضور الانتخابات الرئاسية في البلد

free and fair elections

انتخابات حرة ونزيهة

وطالبت المنظمات الحقوقيّة حكومة البلد بإجراء انتخابات حرّة ونزيهة

general elections

انتخابات عامة

وستجرى الانتخابات العامة في كافة أنحاء القطر في بداية شهر أيار

by-elections

انتخابات فرعية

أدّت استقالة عضو نواب في مجلس العموم البريطاني إلى إجراء انتخابات فرعيّة في دائرته

complete bias

انحياز مطلق

وأبدت بعض القنوات الحكوميّة انحيازا مطلقا تجاه الحزب الحاكم وحشدت من أجل التصويت له

تمارين

أ. أكملوا الفراغات بالعبارات المناسبة ✓

A. Fill in the gaps with appropriate expressions.

1 اتهمت المعارضة الحزب الحاكم .... الانتخابات لصالحها
2 تم .... الامتحانات لأنها تزامنت مع عيد الفطر
3 فاز حزب العمال البريطاني .... في الانتخابات البرلمانية
4 وصفت الانتخابات الرئاسية التونسية بالحرة و.......................
5 تم تنظيم انتخابات .... عاجلة بعد .... النائب البرلماني الممثل لهذه الدائرة
6 عبّرت السلطة الفلسطينية عن انزعاجها .... الأمريكي المطلق لإسرائيل

تعابير انتخابية (تابع) Election expressions (continued)

الائتلاف coalition
أصدرت المعارضة بيانا تندّد فيه بسياسة التقشف التي نهجها الائتلاف الحاكم

بأغلبية with majority
فاز مرشح الحزب الديمقراطي بأغلبية ساحقة في الانتخابات الرئاسيّة الأمريكيّة

بنية تحتية infrastructure
وأكدت الوزارة الجديدة أن من أهم أولوياتها في المرحلة القادمة تحسين البنية التحتيّة للبلد من مرافق عامة وخدمات حتى يتوافق ذلك مع الخطط العمرانيّة التي تزمع الحكومة طرحها

تأييد واسع wide support
وتُظْهر مؤشرات الرأي تأييدا واسعا لخطة الحكومة الاقتصاديّة الجديدة

تراجع في الشعبية a decline in popularity
من ناحية أخرى أشارت بعض التّقارير إلى تراجع شعبية الحزب الحاكم نتيجة السِّياسات الخارجيّة غير المقنعة التي يتبعها

تزوير الانتخابات vote-rigging
وقد اتّهمت المعارضة النّظام بتزوير الانتخابات لتكون في صالح حزبه

التصويت لصالح vote in favour of
يتوقّع البعض أن يتمّ التصويت لصالح القرار نتيجة للتفاهم السابق بين جميع الأطراف

تعزز سياساتها strengthen its policies
حاولت الولايات المتحدة الأمريكية تعزيز سياستها بعد حرب العراق

تعزيز الأمن strengthening security
قامت السفارة الأمريكيّة بأفغانستان بتعزيز أمنها خوفا من أي هجوم مسلح على موظفيها

تولى منصبا assume a position
تولى منصب عميد الكليّة حتى أحيل إلى التقاعد. وتجدر الإشارة هنا إلى أنه خدم الكليّة بكل تفان وإخلاص

الجولة الثانية the second round
تأهل المرشح إلى الجولة الثانية من سباق الرئاسة

الحكومة المؤقتة interim government
وافق الرئيس على أن يقوم بتفويض سلطته إلى حكومة مؤقتة تشرف على الانتخابات البرلمانيّة

حملة انتخابية election campaign
قامت الأحزاب المغربية بحملة انتخابية ساخنة لإقناع الناخبين المغاربة للتصويت لبرامجها

دعاية معادية hostile propaganda
من ناحيتها شنّت المعارضة دعاية معادية ضدّ الحزب الحاكم وحمّلته مسؤوليّة الفشل الاقتصادي

الشفافية transparency
وتطالب المنظمات المدنيّة الحكومة بالشفافيّة في إدارة الأعمال حتّى تزرع الثقة لدى الشعب
طعن في to appeal against
وافقت محكمة الاستئناف على الطلب المقدَّم من محامي الدفاع للطعن في الحكم واستئناف القضيّة

العدالة الاجتماعية social justice
طالبت المنظمات الحقوقيّة النظام الحالي بضمان العدالة الاجتماعيّة لجميعِ فئات الشعب

عدم الارتياح الشعبي public unrest
وتشير بعض استطلاعات الرأي إلى عدم الارتياح الشعبي نتيجة القرار الحكومي الأخير القاضي بالزيادة في المحروقات

غالبية majority
وافقت الغالبية الكاسحة من النواب على القانون الجديد

فاز فوزا ساحقا win a landslide victory
فاز المرشح الإصلاحي فوزا ساحقا في الجولة الأولى من الانتخابات الرئاسيّة

فرز الأصوات counting of votes
فرزت لجنة الانتخابات الأصوات وأعلنت عن الفائز

فوز كاسح sweeping victor
حقّق بايرن ميونخ الألماني فوزا كاسحا على نظيره برشلونة الإسباني وانتصر عليه بأربعة أهداف دون ردّ

قيادة الحزب party leadership
اتّهم بعض أعضاء الحزب قيادة الحزب بالفساد وسوء التدبير

مراقبون دوليون international monitors
أوفدت الأمم المتّحدة مراقبين دوليّين للتأكّد من وقف إطلاق النار بين الطرفين

مراكز الاقتراع polling stations
توجّه آلاف الناخبين إلى مراكز الاقتراع لانتخاب رئيس يحكم البلد لمدّة أربع سنوات

منتهية ولايته outgoing
صرّح رئيس الوزراء المنتهية ولايته أنه وضع قاعدة سليمة لاقتصاد البلاد وأنه غادر الحكم بضمير مرتاح

النتائج الأولية preliminary results
قامت اللجنة بتقديم النتائج الأوليّة عن التحقيق العاجل في قضية الفساد الإداري واستغلال النفوذ من طرف بعض الوزراء

الهيئة العليا المستقلة للانتخابات The Independent High Electoral Commission

أصدرت الهيئة العليا المستقلة للانتخابات تقريرا تشيد فيه بنزاهة الانتخابات واستقلاليتها

شكل حكومة to form a government

قام حزب العمال البريطاني الفائز بالانتخابات التشريعيّة بتشكيل الحكومة

تمارين

ب أكملوا الفراغات بالعبارات المناسبة

B. Fill in the gaps with appropriate expressions.

1 .... شعبية الرئيس بسبب تفشي البطالة في البلد
2 .... من منصبه وتولى منصبا جديدا
3 بدأت الأحزاب البريطانية حملة .... لانتخاب نواب الأمة
4 فاز الفريق فوزا .... على نظيره
5 تمت محاكمة الرئيس المنتهية .... بقضايا فساد
6 شكل الحزب الفائز بالأغلبية البرلمانية ....
7 أدت الحرب في سوريا إلى تدني مستوى المعيشة وعيش البعض في الفقر..................
8 أجرت الجامعة .... كاملا حول ممارسة الأستاذ غير الأخلاقية
9 وصف .... الدوليون الانتخابات الرئاسية التونسية ب..................

6.6 Economic expressions	6.6 :تعابير اقتصادية

طفرة أسعار soaring prices

عرفت أسعار النفط طفرة كبيرة

مصدر وحيد only source

تعتمد السعودية على إيرادات النفط كمصدر وحيد للاقتصاد

استحوذ على monopolise

استحوذت الشركات الكبرى على مشاريع النفط العراقي

وتيرة النمو growth

تعرف وتيرة النمو الاقتصادي الصيني ارتفاعا في السنوات الأخيرة

مرتجف النبرات trembling voice

حكى قصته المخيفة لأصدقائه وهو مرتجف النبرات

فقر مدقع abject poverty

يعيش آلاف الناس في فقر مدقع في افريقيا

قارعة الطريق middle of the road

اصطدمت السيارة المارة بقارعة الطريق

سدّ حاجة — satisfy the need for

تسدّ الزراعة حاجة أغلب الناس في المغرب

أفرط في — exceed

أفرط الشاب في شرب الخمر

تحت سمع وبصر — under the auspices of

غزت الولايات المتحدة العراق تحت سمع وبصر المجتمع الدولي

غضّ الطرف عن — turn a blind eye to

غضّ الأستاذ الطرف عن الخروقات التي تجري في صفه

اعتراض التجاوزات — stop violations

اعترضت الشرطة كمية كبيرة من المخدرات تمّ تهريبها إلى البلد

تعويض الخسائر — compensate for

عوضت الحكومة الفلاحين على الخسائر التي لحقت بمحاصيلهم الزراعية نتيجة الفيضانات التي ضربت البلد

تحت حد الفقر — below the poverty line

يعيش أهل دارفور تحت حدّ الفقر

إتمام الصفقة — complete the agreement; deal

بدأ العمل في مشروع معمل السيارات بعد إتمام الصفقة بين الحكومة والشركة

استثمار رشيد — rational investment

اعتبر صندوق النقد الدولي استثمار البلد في التربية والتعليم استثمارا رشيدا

الانتعاش الاقتصادي — economic recovery

يطمح الرئيس إلى تحقيق الانتعاش الاقتصادي في البلد، ولهذا شجّع الاستثمار في البلد

انكماش التجارة — contraction of trade

نتج عن الأزمة الاقتصادية انكماشا في التجارة

البنك المركزي الأوروبي — European Central Bank

يعتزم البنك المركزي الأوروبي الواثق من قوة النهوض الاقتصادي في منطقة اليورو مساعدة بعض الدول الأوروبيّة لتخطي أزمتها الماليّة

بيع بالجملة — wholesale

لا يمكنك شراء أشياء متفرقة من هذا المحلّ لأنّه يبيع بالجملة

تباين أسعار النفط — disparity of oil prices

وبحسب مؤشرات السوق فإنّ هناك تباينا في أسعار النّفط هذه الأيام نتيجة الحديث عن حرب وشيكة في الشرق الأوسط

التجارة الثنائية — bilateral trade

وقع الرئيسان على اتفاقية التجارة الثنائية بين البلدين

تمارين

✓

أ. أكملوا الفراغات بالعبارات المناسبة

A. Fill in the gaps with appropriate expressions.

1 عرف اقتصاد البلد ارتفاعا في مداخيله مما أدى إلى................. بعض ....
2 أدت أزمة كورونا إلى حالة من .... الاقتصادي في بعض البلدان
3 أدلت المتهمة ب.................................. أدى تبرئتها من التهم الموجهة لها
4 أطلقت الشرطة........................ المتهم بعد التحقيق معه
5 لم تحكم القضية لصالحه نظرا ل.................................. التي قدمها للمحكمة
6 احتج محامو المتهم واعتبروا أن الاتهامات الموجهة له ماهي إلا ادعاءات باطلة.......................... .... ضد موكليهم

Economic expressions (continued) — تعابير إقتصادية (تابع)

تخصيص الموارد المالية — allocation of financial resources

وطالبت الوزارة بتخصيص الموارد الماليّة الضروريّة للقيام بالخطة الإصلاحيّة

تسديد الديون — payment of debts

قام ببيع بيته لتسديد الديون التي تراكمت عليه بسبب فقدان وظيفته

تشبع السوق، اغراق السوق بالسلع — market saturation

وحصل كساد كبير في السلع نتيجة تشبّع السّوق بالسلع من كلّ الأنواع بشكل زائد عن حاجة الناس

حالة الركود — a state of stagnation

عرف الاقتصاد العالمي حالة ركود عام 2008، الأمر الذي أثّر سلبا على فرص العمل بالنسبة للشباب

خفض الإنفاق — reducing expenditure

خفّضت الحكومة الإنفاق للحدّ من الدّين العام الذي أضرّ كثيرا بالاقتصاد

سعر الفائدة الرئيسي — prime interest rate

رفع البنك المركزي سعر الفائدة الرئيسي ليدفع المودّعين إلى زيادة إيداعهم

سلسلة من الاصلاحات الاقتصادية — series of economic reforms

وستقوم الحكومة بسلسلة من الإصلاحات الاقتصادية لتلافي خطر الانهيار الاقتصادي

السلع المستوردة — imported goods/products

الرسوم الجمركيّة هي رسوم تفرضها الدولة على السِّلع المستوردة من الخارج. وتعتبر هذه الرسوم مصدرا أساسيا من مصادر إيرادات الدولة

صافي أرباح — net profits

وبلغ صافي أرباح الشركة نحو خمسين مليون دولار للعام المنصرم

صندوق النقد الدولي International Monetary Fund
حذّر صندوق النقد الدولي من تفجر أزمة القروض الائتمانية الحادّة في الاقتصادات الصاعدة مع حركة هروب لرؤوس الأموال في الاقتصادات التي تضرّرت من تراجع أسعار السلع

الطاقة المتجدّدة renewable energy
ويمثل البرنامج العالمي للطاقة الشمسية أداة متاحة لخدمة المجتمع الدولي بغرض تشجيع وتعزيز استخدام موارد الطاقة المتجدّدة السليمة بيئيا

عجز تجاري مزمن chronic trade deficit
عرف اقتصاد البلد عجزا تجاريا مزمنا

عدم الاستقرار instability
أوضحت دراسة أمريكية حديثة صدرت مؤخرا أن عدم الاستقرار المالي قد يسبب للشخص آلاما نفسية

فرص العمل job opportunities
عرف الاقتصاد العالمي حالة ركود في السنوات الأخيرة، الأمر الذي أثّر سلبا على فرص العمل بالنسبة للشباب

القيمة المضافة added value
احتج بعض المواطنين على رفع نسبة القيمة المضافة على السلع الغذائية

كساد اقتصادي recession
وعانت الأسواق الأمريكيّة وخاصّة قطاع العقار من الكساد الاقتصادي بعد الأزمة الماليّة العالميّة

المحكمة العليا high court
صدر عن مصدر موثوق به بأن المحكمة العليا ستبتّ في قرار حلّ مجلس الشعب قريبا والدعوة إلى انتخابات مبكرة

المدعي العام public prosecutor
وطالب المدّعي العام بتطبيقِ أقسى العقوبات على من سوّلت له نفسه سرقة أموال الشعب

مزارع الرياح wind farms
قامت الحكومة الجديدة بالاستثمار في مزارع الرياح كمصدر جديد للطاقة

المعاهدات الدولية international treaties
تُحرّم المعاهدات الدوليّة تشغيل الأطفال ومنعهم من الدراسة

معدل التضخم rate of inflation
عانت بعض البلدان العربيّة من معدّلات كبرى للتضخّم نتيجة للأوضاع السياسيّة والأمن غير المستقر والمتردّي فيها

معدل النمو the growth rate
يعاني الاقتصاد الصيني هذا العام من بعض الانكماش مما يؤثر سلبا على معدّل النمو فيه

الموارد الطبيعية   natural resources

يعتبر النفط والغاز من أهم الموارد الطبيعية للمملكة، وقد ظل الابتكار عبر التقنية محركا رئيسا في عمليات استخراج النفط والغاز والكشف عن مكامن جديدة لهما، والحصول على مشتقاتهما مع عمليات تشغيل أكثر ربحية

نظام اقتصادي عالمي   world economic order

يعرّف البعض النظام الرأسمالي بأنه نظام اقتصادي تكون فيه وسائل الإنتاج بشكل عام مملوكة ملكية خاصة أو مملوكة لشركات، وحيث يكون التوزيع، والإنتاج وتحديد الأسعار محكوم بالسوق الحر والعرض والطلب

نمو اقتصادي   economic growth

وتسير الصين في نموّها الاقتصادي على قدم وساق ويعدّ اقتصادها الثاني في العالم

تمارين

✔

ب أكملوا الفراغات بالعبارات المناسبة

B. Fill in the gaps with appropriate expressions.

1   أدى الصراع في الشرق الأوسط إلى .... في الأسعار
2   نجح الرئيس الجديد في تحقيق .... اقتصاد جديد
3   ساهمت الزيادة في الضرائب إلى .... التجارة في البلد
4   ما زالت اتفاقية التجارة .... قائمة بين البلدين رغم بعض المشاكل السياسية بينهما
5   اتخذت الحكومة .... عاجلة لتجاوز حالة .... الاقتصادي التي يعرفها البلد
6   وضع صندوق النقد الدولي برنامجا جديدا لمساعدة بعض البلدان .... من الكوارث الطبيعية
7   عرف معدل النمو الاقتصادي في البلد .... كبيرا
8   .... أمريكا رسوما ضريبية إضافية على بعض السلع الصينية

| 6.7 | Law and order | القانون | 6.7 |

يشرف على تطبيق القرار   supervise the implementation of the resolution

يشرف مجلس الأمن على تطبيق كل القرارات المتعلقة بالسلم والسلام

أجرى تحقيقا في   to investigate

أجرت الحكومة تحقيقا في قضية تسريب وثائق سريّة

أدلى برأي   to give an opinion

سأدلي برأيي في هذه المحاضرة القيمة

نفحص موقفا   examine a situation

ولنفحص موقف أمريكا من سياسة المحافظة على البيئة

حمّل مسؤولية   hold responsible

حمّل وزير الداخلية الفرنسي الأقليات الفرنسية مسؤولية أعمال الشغب في ضواحي باريس

شوّه وجه الحقيقة distort the truth
شوّه المتّهم وجه الحقيقة أمام المحكمة

تهريب المخدرات smuggling of drugs
تمّ القبض على المجموعة المتورطة بتهريب المخدرات

انفلت من قيود escape from the bonds of
انفلت السّجناء من قيود السّجّانين

حامت الشبهة ضده he was suspected of
بعد تحرّ كبير في قضية اغتيال الرئيس حامت الشبهة ضد وزير داخليته

رهن التحقيق pending investigation
يبقى المجرم رهن التحقيق حتى تظهر الحقيقة

دليل قاطع conclusive evidence
يحتاج المتهم إلى دليل قاطع لإقناع المحكمة ببراءته

خرق الأمن العام violation of public security
خرق المشاركون الأمن العام في مظاهرة الاحتجاج

أطلق سراح to release someone; set someone free
أطلق سراح المتّهم بعد محاكمته العادلة

أسباب ملفقة false excuses
أعطى المتهم أسبابا ملفقة لتبرير قضيته أمام المحكمة

أخلّ بالقانون to infringe (violate) the law
السجن هو العقوبة لكل من أخلّ بالقانون

حجة باردة weak argument
رغم كل ما أدلى به أمام المحكمة فإن حجته تظل باردة

أصدر حكما issue a verdict
أصدرت المحكمة العراقية الحكم بإعدام صدام حسين

حجّة دامغة irrefutable evidence/compelling evidence
تحتاج المحكمة إلى حجّة دامغة لمحاكمة المتهم

ألقى القبض على to arrest
ألقت الشرطة القبض على المتهم

مشروع قانون bill, draft law
اعتمد البرلمان مشروع قانون يقضي بحماية أطفال الشوارع

ادعاء باطل false allegation
دافع المحامي عن موكّله بشراسة وقال إنّ الادّعاء الموجّه ضد موكّله ادّعاء باطل

استئناف الحكم appeal
لم يكن المحامي راضيا عن الحكم الصادر في حق موكله ولهذا قام باستئناف الحكم أمام محكمة الاستئناف

أصدر حكما issued a verdict/judgement
أصدر قاضي المحكمة المركزيّة اليوم حكما بالسجن الفعلي على ثلاثة شبّان، بتهمة تزوير أوراق ماليّة

أقام دعوى ضد to lodge a case against
أقام العامل دعوى على مشغله بتهمة انتهاك حقوقه العملية

اِلْتَزَمَ الحِيَادَ committed to neutrality
اتهمت بعض الأطراف الليبية منسق الأمم المتحدة بعدم التزام الحياد في المفاوضات بين الأطراف المتنازعة

تمارين

✓ أ. ادرسوا العبارات أعلاه وأجيبوا عن الأسئلة التالية:

A. Study the above expressions and answer the following questions.

1 طالبت منظمات حقوقية رئاسة البلد باحترام...................... والترخيص لقنوات أجنبية لتغطية أخبار البلد
2 .... بعد ما تم الاستماع للشهود وحدد موعد الجلسة القادمة
3 خلص التحقيق إلى أن المتهم كان.................................
4 تم سجن الزوجة بسبب ....آخرين على...........................
5 حكمت عليه المحكمة بالسجن لمدة خمس سنوات وتم........................ بعد السماع لكل الأدلة المقدمة

Law and order (continued) القانون (تابع)

حرية التعبير freedom of expression
يعدّ إغلاق هذه القنوات الفضائيّة اعتداء صارخا على حريّة التعبير والرأي

الديون الخارجية external debt
تجاوزت الدّيون الخارجيّة حاجز العشرين مليار ما ينذر بخطر كبير على اقتصاد البلد

رفع الجلسة adjournment
رفع القاضي الجلسة إلى موعد قادم بناء على طلب محامي الدّفاع والذي أصر على ضرورة إحضار الشهود

شريك في الجريمة partner in crime
يقول القانون: كل من تستر على جريمة أو قام بحماية مرتكبها يعدّ شريكا في الجريمة ويطبّق عليه عقاب المجرم نفسه

الرئيس المعزول the ousted president
بدأت صباح اليوم جلسة سرية لمحاكمة الرئيس المعزول

التحريض على القتل incitement to murder
تقوم بعض وسائل الإعلام بالتحريض على العنف من خلال تصوير الطرف الآخر بأنّه غير وطني

المُدَّعِي العام prosecutor; attorney general
وطالب المدّعي العام بتطبيقِ أقسى العقوبات على من سوّلت له نفسه سرقة أموال الشعب

ألقى القبض tserra ot
تمّ إلقاء القبض على شخص ذي سوابق عدليّة بعد اعتدائه على المارَّة

محاكمة عادلة fair trial
وقد طلبت المنظمات الحقوقيّة من الحكومة أن يحاكم الرئيس المخلوع محاكمة عادلة

التحرش الجنسي sexual harassment
تعرض ما لا يقلّ عن 23 بالمئة من طالبات الجامعات الأمريكية للتحرش الجنسي بحسب مسح أجرته رابطة الجامعات الأمريكية في حرم 27 جامعة عبر البلاد. ووصف نائب الرئيس الأمريكي ظاهرة التحرش الجنسي في الجامعات بالـ"وباء"، حسب ما أعلنته قناة فرانس 24

عقوبة الإعدام the death penalty
وطالبت المحكمة بإنزال عقوبة الإعدام بجميع المتهمين نظرا لفظاعة الجريمة التي ارتكبوها بحقّ الأبرياء

ولّد نقاشا generated a debate
ولّد استفتاء خروج بريطانيا من الاتحاد الأوروبي نقاشا كبيرا بين الأحزاب

حكم القانون the rule of law
وسيطبّق حكم القانون على جميع الأشخاص من غير تفريق ديني أو عرقي

محاكمة جنائية criminal trial
أعلنت الحكومة أنّ محاكمة بعض عناصر المعارضة هي محاكمة جنائية وليست سياسيّة

جرائم ضد الإنسانية crimes against humanity
تمت محاكمته باقترافه جرائم ضد الإنسانية

جرائم حرب war crimes
وطالبت المنظمات الحقوقيّة بإقامة دعوى ضد مرتكبي جرائم حرب أمام المحاكم الدوليّة

تنفيذ الحكم execution of the sentence
تم الحكم عليها بالسجن مدى الحياة بسبب جريمة قتل لكن محاميها طلب تخفيف العقوبة عنها وعدم تنفيذ الحكم كاملا لأن موكلته ليست بصحة جيّدة

ارتكب جريمة to commit a crime
وطلب المحامي من المحكمة أنْ تمنح مُوَكّله الشفاعة لأنه أقرّ بخطئه ولم يكن بتمام الوعي عندما ارتكب الجريمة

أخفق في to fail to/in
على الرغم من محاولاته الجادة إلا أنه أخفق في تقريب وجهة نظره

فَصَلَ في المُنَازَعَاتِ to adjudicate over disputes
وقد اتّفق الطّرفان على الرجوع إلى مكتب شهيرٍ يفصل في المنازعات ليحلّ مشكلة الأرض المختلف عليها

أجرى تحقيقات to conduct investigations
أجرت الشرطة تحقيقا دقيقا مع المتهم فيما يخص سرقة البنك المركزي

تمارين

ب ادرسوا العبارات أعلاه وأجيبوا عن الأسئلة التالية:

B. Study the above expressions and answer the following questions.

1 أجرت الجامعة .... مطولا حول تسريب بعض الامتحانات الدراسية
2 أدلى المتهم .... أمام المحكمة
3 حوكم بخمس سنوات نافذة بسبب تهريب ....
4 ألقى .... على المجرم الذي هرب من العدالة
5 طلبت المحكمة من المتهم تقديم دليل ....على براءته
6 قبِل حكم المحكمة وصرح أنه يحترم حكم ....
7 اعتقل بتهمة .... على القتل والمشاركة في أعمال الشغب
8 توفي الرئيس التونسي .... في المملكة السعودية
9 على الرغم من الحراسة المشددة فقد استطاع خرق .... العام والوصول إلى إقامة الرئيس
10 أوقفت الشرطة المجرم ، لكنه .... من قبضتها
11 أعلن الرئيس أن الحكومة الجديدة ستعمل على .... الديون الخارجية

6.8 Expressions of power and authority — 6.8 تعابير متعلقة بالسلطة

يتولى شؤون — resides over
يتولى وزير الخارجية شؤون العلاقات مع الدول الأخرى

تسلم مقاليد الحكم — to take over (the reigns of) government
تسلم الأمير مقاليد الحكم بعد وفاة أبيه

أهل الحل والعقد — influential people
يعتبر أبوه من أهل الحل والعقد في المجتمع المغربي

حلّ محل — to replace
حلّ الوزير محل رئيس الوزراء

مسك دفة الأمور — to be in charge
مسك العميد الجديد دفة أمور الجامعة

تقلب في وظائف عديدة — he held numerous offices
للمدير الجديد خبرة ثرية فقد تقلب في وظائف عديدة قبل اعتلائه هذا المنصب

ذائع الصيت — well known; famous
هذا المغني يعرفه الكل فهو ذائع الصيت في العالم العربي

في عزلة عن — secluded, segregated
بعد الانقلاب عليه ظل الرئيس المعزول يعيش في عزلة عن وطنه

أطلق العنان لـ — give free reign to
تقلد مقاليد الحكم فأطلق العنان لوزرائه فأصبحوا لا يعيرونه اهتماما

عاث فسادا في — cause havoc
عاث الرئيس فسادا في بلده

عاث في مال — to squander or dissipate one's fortune
عاث الأب المدمن على القمار في مال أسرته

تمارين

أ. ادرسوا العبارات أعلاه وأجيبوا عن الأسئلة التالية:

A. Study the above expressions and answer the following questions.

1 عاث الرئيس في .... البلد
2 تسلم الأمير .... الحكم بعد وفاة والده
3 .... دفة الرئاسة بعد انتخابه بالأغلبية المطلقة
4 ساهم نجاحه في .... وظائف عديدة، الأمر الذي جعله ذا شعبية كبيرة
5 ظل يعيش في .... عن أهله نظرا للخلافات القائمة بينهم
6 أصبح الأستاذ ذائع .... عندما عيّن وزيرا في الحكومة الجديدة

6.9 Connecting expressions — 6.9 عبارات الربط

على غرار — in this manner
طلب منه أبوه أن يمشي على غرار أخيه

قصارى القول — in summary
وقصارى القول فإن التدخين مضر للصحة

تحصيل الحاصل — in summary
..... وتحصيل الحاصل أنه سيزورنا الأسبوع المقبل

إلى حدّ ما — to a certain extent
لقد استطاعت الحكومة ، إلى حد ما، أن تطور الاقتصاد وترفع مستوى الأجور وتخفض أسعار النفط.

وخير دليل على ذلك — best example
عرفت بعض الدول العربية تقدما في تطبيق الديمقراطية النسبي وخير دليل على ذلك الانتخابات التشريعية التي جرت في تونس.

على العكس من — on the contrary
شاركت كل الفرق في كأس أوروبا للأمم على العكس من إنجلترا التي لم تتأهل.

على وجه العموم — in general
..... وعلى وجه العموم يتكلم هذا النص عن قضية البيئة وطرق المحافظة عليها

صاحب الفضل الأول في — due thanks to
يعدّ سيبويه صاحب الفضل الأول في وضع القواعد النحوية العربية

إذا أخذنا بعين الاعتبار If we take into consideration
لا يمكن فهم الـنزاع العربي الإسرائيلي إلا إذا أخذنا بعين الاعتبار العوامل التاريخية والثقافية وراء ذلك

على هذا الحال in this manner
إذا مشيت على هذا الحال فسوف تحقق نجاحا باهرا في المستقبل

على هذا الوجه in this manner
طلب منه أستاذه أن يسلك منهج بحثه على هذا الوجه

جنبا إلى جنب shoulder to shoulder
وقف الرّئيسان جنبا إلى جنب في محاولتهم مكافحة المخدرات

من نافلة القول إن it goes without saying that
من نافلة القول إن الاجتهاد أساس النجاح

تمارين

✓ أ. ادرسوا العبارات أعلاه وأجيبوا عن الأسئلة التالية:

A. Study the above expressions and answer the following questions.

1 اتفق البلدان على التجارة الحرة على .... البلد المجاور
2 وقصارى .... أن الاجتماع ألغي نظرا لخلافات حادة بين الطرفين
3 وقامت الحكومة بإصلاحات اقتصادية شاملة وخير .... ذلك إصلاح منظومة التعليم والصحة
4 قام كل الطلاب بواجباتهم على .... من صديقي الذي تأخر عن الصف
5 يعمل بكل جد واجتهاد وإذا مشي على .... فسيكون له مستقبل زاهر
6 أعلن الأستاذ أنه يقف جنبا .... طالبه في محاولة للتصدي لكل أعمال العنف والشغب
7 من نافلة .... العمل الجاد مفتاح النجاح

6.10 Other expressions — 6.10 عبارات أخرى

العبرة من the lesson from
والعبرة من هذا كله هو أنها لم تعد تتأخر عن عملها

السؤال الذي يشغلنا the question which occupies us
والسؤال الذي يشغلنا هنا هو هل يمكن الحد من الهجرة خارج البلد

اللبنة الأساس milestone
تعتبر تربية الأجيال الناضجة اللبنة الأساس في تقدم وتطور أي بلد

لا ناقة لـ .... فيها ولا جمل have no interest in
حضر المحادثات بين الطرفين والتي لا ناقة له فيها ولا جمل.

part and parcel of **جزء لا يتجزأ من**

الديمقراطية جزء لا يتجزأ من المبادئ الغربية

of utmost importance or urgency **في غاية الأهمية**

يعتبر هذا الموضوع في غاية الأهمية بالنسبة للطلاب الجدد

shed light on **إلقاء الضوء على**

ألقى المحاضر الضوء على عملية السلام في الشرق الأوسط

the same degree/level of **القدر نفسه من**

أصدقائي لهم القدر نفسه من المعرفة

of first class quality **من الطراز الأول**

يعتبر التمر الجزائريّ من الطراز الأول في العالم العربي

in outward appearance, externally **حسب الظاهر**

حسب الظاهر أنه هاجر وتركها لوحدها

the remarkable thing is that **من عجائب الأمر أن**

من عجائب الأمر أنها سافرت ولم تودّع صديقاتها

reject something/undervalue **ضرب به عرض الحائط**

ضرب/ألقى الوزير بالاتفاقية عرض الحائط

for some unknown reason **لحاجة في نفس يعقوب**

قام بهذا العمل الخيري لحاجة في نفس يعقوب

head over heels **رأسا على عقب**

لم يفهم الدّرس جيّدا وقلب الأمور رأسا على عقب

chronic disease **مرض مزمن**

أعفى الرئيس وزيره من منصبه نظرا لمرضه المزمن

to make up one's mind to do something **عقد العزم (العزيمة) على**

بعد صداقة طويلة عقد الطرفان العزم على الزواج

all over the world **من كل أنحاء المعمور**

يتوجه الحجّاج إلى مكة المكرمة من كل أنحاء المعمور

helpless **مغلوب على أمره**

هذا الرجل مغلوب على أمره فهو لا يستطيع فعل أي شيء

to eavesdrop; to monitor **استرق السمع**

مهمة هذا الولد هو استراق السمع

more than necessary **زائد عن الحاجة**

كل ما قامت به هو زائد عن الحاجة

علي الريق	before breakfast
بدأ عمله باكرا على الريق	

لا يجف له ريق	untiring (in speaking)/ he talks incessantly
هذا الرجل يتحدث في أي موضوع فهو لا يجف له ريق	

رهن الإشارة	at someone's beck and call
إذا احتجت شيئا فأنا رهن الإشارة	

على الرغم من أنفه	against his will
استطاع أن يحظر الاجتماع على الرغم من أنف صديقه	

خطر الأمر على باله	occurred to him
لم يخطر على بالها أن اليوم هو يوم عيد ميلاد زوجها	

خصّ بالذكر	to make special mention of someone or something
مدح المدير مجهودات أساتذته وخصّ بالذكر أساتذة اللغة الإنجليزية	

خشع ببصره	to lower one's eyes
خشع ببصره عندما رأى المتشرد عاريا في الطريق	

تمارين

أ. ادرسوا العبارات أعلاه وأجيبوا عن الأسئلة التالية:

A. Study the above expressions and answer the following questions.

1. على الرغم من فشله في مشروعه فقد أخذ العبرة ....من ذلك وأنشأ مشروعا ناجحا
2. رفض الرئيس الجديد الاتفاق المبرم مع أطراف الجوار و...................الحائط
3. نالت منتوجات الشركة استحسان الزبناء واعتبرها البعض أنها ....
4. هب المشجعون من .... العالم لمشاهدة المباراة النهائية لكأس العالم
5. طلب منها طبيبها شرب الدواء .... وبعد ذلك تناول الطعام
6. .... الطالب................... على السفر بعد حصوله على منحة للدراسة في الخارج
7. نسي ولم .... أن اليوم هو عيد ميلاد صديقه

خطّ خطا (سطرا)	to draw the line at sth
بعد مفاوضات شاقة خطّ الطرفان خطا تحت القضية	

لا حول له ولا حيلة	to be completely powerless; be able to do nothing
حاول مساعدة أخيه للحصول على الشهادة لكن لا حول له ولا حيلة.	

أخذ الحيطة	take precautions/to be on guard
طلب الأب من ابنه أخذ الحيطة من قطاع الطرق خلال سفره عبر الصحراء	

محل نظر	deserving attention
يبقى طرحه محل نظر في المستقبل	

to make your mouth water   **تتحلب له الأفواه**
هذا الطعام تتحلب له الأفواه

to revert to its original state   **رجع إلى حافرته**
ابتعد عن أهله فأصبح يتعاطى للمخدرات لكنه رجع إلى حافرته في الأخير

receive someone with open arms   **قبّله بالأحضان**
قبلته عائلته بالأحضان عندما رجع إلى بلده بعد فراق طويل

to take someone in your arms   **أخذتني بين أحضانها**
استقبلتني استقبالا حارًّا في المطار وأخذتني بين أحضانها

halt; make a stop   **حط الرحال**
حطّت القافلة الرحال في القرية المجاورة

from everywhere   **من كل حدب وصوب**
يزور الحجاج البيت الحرام من كل حدب وصوب

pay no attention to   **لم يلق بالا لـ**
لم يلق بالا لنصيحتي التي وجّهت إليه الشهر الماضي

hardly attainable   **بعيد المنال**
الثراء حلم بعيد المنال

to go up in smoke   **ضاع هباء منثورا**
ضاعت كل مجهوداته هباء منثورا بعد فشل فريقه في التأهل إلى الأدوار النهائية

on the point of or verge of (doing something)   **على وشك أن**
أفاد تقرير حول الحيوانات والبيئة أن بعض الحيوانات على وشك الانقراض

Welcome!   **على الرحب والسعة**
على الرحب والسعة، هكذا رحبت العائلة بزائرهم الجديد الذي لم يسبق له أن زار البلد من قبل

unexpected   **على حين غرّة**
هاجمهم العدو على حين غرّة

incomparable   **منقطع النظير (ليس له مثيل)**
هذا الجهاز الكلاسيكي منقطع النظير

he goes to the point of   **انتهى الأمر به**
انتهى الأمر به إلى درجة التفكير في الانتحار

extremely......   **متناه في ....**
لم يسبق لي أن رأيت رجلا متناه في الكرم مثله

in broad daylight   **واضحة النهار**
سرقوا مكتبه في واضحة النهار

مرغوب فيه desired; wanted
الأكلات العربية مرغوب فيها بكثرة

حذا حذو to imitate someone
حذا الابن حذو أبيه في كل شيء

اختفى عن الأنظار disappear from sight
اختفى جاري عن الأنظار بعد اتهامه بسوء معاملة زوجته

زاد الطين بلة to make things worse; complicate
حضرت إلى الصف متأخرة ومما زاد الطين بلّة أنها لم تقم بواجباتها المنزلية

تحت طيّ الكتمان under the veil/seal of secrecy
لازال مضمون حوارهما تحت طيّ الكتمان

مطأطأ الرأس with bowed head
رجع إلى بلده مطأطأ الرأس خجلا بعد خيبة أمله في الامتحان السنوي الأخير

تتمثل في reflected in
تطور هذا البلد يتمثل في كثرة مصانعه ونشاطاته الصناعية

قلّ أن .... دون أن
قلّ أن يحقق الإنسان ما يصبو إليه دون أن يواجه عوائق

مثل يقتدى به a model to follow
يعتبر هذا الإنسان مثلا يقتدى به في مدينتنا

رويدا رويدا gradually
طوّر لغته رويدا رويدا

تمارين

✓ ب ادرسوا العبارات أعلاه وأجيبوا عن الأسئلة التالية:

B. Study the above expressions and answer the following questions.

1 على الرغم من أخطائه المتكررة فإنه لم يأخذ .... من كل هذا
2 صرّح الوزير بأن كل ما يحدث لا يهمه وأنه لا ناقة .... له فيها، ولهذا فإنه لم يحضر المؤتمر
3 احترام غيرنا جزء .... من الأخلاق الرفيعة
4 حضر الاجتماع المبرمج في آخر لحظة لأنه في غاية .... له، نظرا لتناوله موضوع البيئة ومحاربتها
5 ألقى المتكلم .... على أهمية البيئة والمحافظة عليها
6 تعتبر ملابس هذا المحل من .... الأول
7 ضرب الرئيس مقترح الوزير عرض ....
8 قلب كل المفاهيم رأسا .... ما أدّى إلى فشله في الامتحان
9 حجَّ المشجعون من كل .... البلد لمساندة فريقهم

10 ويبقى هذا المحامي من المدافعين عن حقوق الإنسان فهو .... له ريق عندما يتعلق الأمر بالدفاع عن المظلومين
11 رجع الولد إلى .... بعدما ضل الطريق لفترة قصيرة
12 نزل المحتجون من كل .... إلى ساحة الاحتجاج
13 توصلوا بخبر فوزه على .... لهذا لم يستطيعوا مشاركته الاحتفال
14 رجع الفريق إلى البلد .... الرأس بعد انهزامه في كل المباريات بحصص ثقيلة
15 ظل هذا الطالب مثلا .... به أمام كل زملائه
16 توسل اللص إلى الشرطة طالبا السماح له وإخلاء ....
17 ويبقى سفره لوحده محفوفا ....
18 زرت دولة الأردن لكن مدينة البتراء .... اهتمامي نظرا لما تحتويه من مآثر تاريخية
19 ويبقى الدمار الذي .... ببعض المدن السورية شاهدا على الحرب الأهلية في البلد
20 زار السعودية للعمل وتأدية العمرة، فقد ضرب عصفورين ....
21 ظل يشتغل ليلة نهار وكان شغله .... هو تحقيق أهداف مشرفة له ولأسرته
22 لم يلق الطالب .... لإرشادات أستاذه ما تسبب له في الفشل

Other expressions (continued) عبارات أخرى (تابع)

أغلب الظن most likely
أغلب الظن أنه سيزورنا اليوم

استقر رأيه على decided on
بعد تفكير طويل في مكان قضاء عطلته استقر رأيه على مدينة مراكش

وضع نصب عينيه bear in mind
وضع المجتهد نصب عينيه نصيحة أستاذه الداعية إلى الاجتهاد

ليتسنى له in order to
وقف المسافرون في الطريق حتى يتسنى لهم أخذ قسط من الراحة

لا سبيل إلى الرجوع no return to
أعلن الرئيس الجديد أن الديمقراطية هي الخيار الوحيد ولا سبيل إلى الرجوع إلى عهد البيروقراطية

لعلّ أفضل مثل the best example
لعلّ أفضل مثل على الاجتهاد هو الحصول على الدرجة الأولى

قتل طموحه to end one's dream
قتل الصغير طموحه بالتسرب من المدرسة في سنّ مبكر

توسّل إلى to plead / beg
توسّل الابن إلى أبيه أن يسمح له بزيارة صديقه في العطلة القادمة

رفع الستار عن to disclose; unveil
بعد ثلاثين عاما تمّ رفع الستار عن اسم مرتكب الجريمة

ذهب سدى to be in vain
كل تعبه ذهب سدى بعد فشله في الامتحان الأخير

أسدى .... خدمة

to render someone a service

أسدى الصديق خدمة لصديقه

ردّ له الصاع صاعين / كال له صاعا بصاعين

to pay someone back twofold

ساعد الأب ابنه خلال دراسته لكن عندما تخرج الأخير ردّ له الصاع صاعين

واسع النّطاق

wide-ranging

هذا الكتاب يحوي مواضيع واسعة النطاق

حدّق في وجه

to stare at

مررت بجانبه فحدّق في وجهي تحديقا جعلني أتساءل عن سبب ذلك

محفوف بالمخاطر

fraught with danger

رفضت الإقامة في هذا المكان لأنه محفوف بالمخاطر

قطع شوطا عظيما

make good progress

قطع الطالب شوطا عظيما في تعلمه اللغة العربية

على المدى البعيد

in the long run

سيحقّق هذا الطالب إنجازا باهرا على المدى البعيد

الأصالة والمعاصرة

tradition and modernity

جمعت مباني مدينة فاس بين الأصالة والمعاصرة

شدّ الانتباه

attract attention

شدّت انتباهي المعالم التّاريخية الموجودة في سوريا

من حيث المبدأ

in principle

لا أختلف معه من حيث المبدأ في رأيه حول العولمة

بالقدر الكافي

sufficient

أحس عمال الإغاثة بالجوع ودعوا المراقبة بتزويدهم بالقدر الكافي من الطعام

ألقى نظرة على

take a glance at

ألقى الأستاذ نظرة عابرة على الكتاب الجديد فشغف بمحتواه

وجهان لعملة واحدة

two sides of the coin

هذان الوزيران لا يختلفان في تصرفاتهما نحو بعضهما البعض. فهما وجهان لعملة واحدة

شاهد على

witness for

تبقى الأندلس شاهدا على التاريخ الإسلامي في إسبانيا قبل قرون

عبء ثقيل على

heavy burden

تعتبر هذه المهمة عبئا ثقيلا على كتفي الطلاب

ضرب عصفورين بحجر واحد

to kill two birds with one stone

ضرب عصفورين بحجر واحد عندما زار بريطانيا مؤخرا. فقد حضر المؤتمر السنوي وسجّل نفسه في برنامج الدكتوراه

قبلة أنظار — a point of interest

تظل مكة المكرمة قبلة أنظار الحجاج

نحمل الشعلة لـ — to carry the torch for

إن دورنا يكمن في حمل شعلة العلم والتعلم إلى الأجيال الصاعدة

حاد عن — deviate from

حاد المجتهد عن طريق الاجتهاد – حاد المؤمن عن طريق الصواب

تسلسل الأفكار — train of thought

قاطع تسلسل أفكاري خلال محاضرتي الأخيرة في جامعته

انكفأ على — tumble over

فقد توازنه وهو يسير على جدران البيت فانكفأ على وجهه أرضا

نقش في ذهني — engraved on my mind/entrenched in my mind

نقش صديقي في ذهني درسا عن الثقة في النفس

شغل بال — occupy one's mind

لم يشغل بالها شيء سوى دراستها

تمارين

✓ ج- ادرسوا العبارات أعلاه وأجيبوا عن الأسئلة التالية:

C. Study the above expressions and answer the following questions.

1 أراد السكن في بلد عربي .... رأيه على المغرب
2 أكد الرئيس التونسي الجديد عزمه على تحقيق العدل والمساواة مؤكدا أنه لا ....
الرجوع إلى عهد الظلم والطغيان
3 رفعت المحكمة .... عن العصابة التي سرقت البنك المركزي
4 ذهب كل عمله .... عندما تراجعت الشركة عن برنامجها توسيع مجالها في التصدير
5 قطعت الشركة .... في تحقيق المساواة بين عمالها
6 تعد المسؤولية .... ثقيلا على كتف كل من تحملها
7 تتجه كل الأنظار لملعب محمد الخامس حيث سيكون قبلة .... مشجعي فريقي
الوداد والرجاء

Other expressions (continued)　عبارات أخرى (تابع)

شغله الشاغل — his sole and only obsession

ظلّ عمله هو شغله الشاغل طوال حياته حتى توفته المنيّة

راهن على الجواد الخاسر — to bet on the wrong horse

هزم فريقه هزيمة نكراء فيبدو أنه راهن على الجواد الخاسر

بالقول والفعل   by word and deed
لقد طبقت ما اتفقنا عليه السنة الماضية بالقول والفعل

أقام الدنيا وأقعدها   to move heaven and earth/to make a stir
أقام الدنيا وأقعدها على مسائل بسيطة جدّا

قاموا قومة رجل واحد   they rose to a man
قام أهل العشيرة قومة رجل واحد في مواجهة القانون الحكومي الجديد

قام على قدم وساق   to become fully effective
ظلت اللجنة المنظمة قائمة على قدم وساق حتى انتهى المؤتمر الدولي

على قيد الحياة   alive
لم أرها منذ زمن طويل أتمنى أنها لا زالت على قيد الحياة

كشّر عن أسنانه   to show one's teeth
كشّر الأسد عن أسنانه عندما رأى الحيوانات الأخرى بجانبه

قلبا وقالبا   with heart and soul
اتفق معهم قلبا وقالبا في طرحهم الأخير

لم يُلق بالا لـ   didn't pay attention to
لم يُلق بالا لنصيحتي فرجع إلى التدخين رغم مرضه

جازف بنفسه   to risk one's life
جازف بنفسه عندما سافر عبر الصحراء لوحده

أخذ مجراه   to take its course
رغم الحادثة التي سقط ضحيتها أناس كثيرون فقد أخذت الحياة مجراها الطبيعي من جديد

في أقل من لمح البصر   in the twinkling of an eye
سرقوا بيتها في أقل من لمح البصر

تبادر إلى ذهني   it occurred to me
عندما رأيته تبادر إلى ذهني العمل الخيري الذي قام به خلال السنوات الأخيرة

أجل غير مسمّى   until further notice
أجل الأستاذ المحاضرة إلى أجل غير مسمّى

على مرأى ومسمع من   with full knowledge of
شنّت الولايات المتحدة حربها على العراق على مرأى ومسمع من الأمم المتحدة

تربّص الفرصة   to wait for an opportunity
تخرجت من الجامعة لكنها لازالت تتربص الفرصة للحصول على وظيفة

ربط جأشه   to keep one's self-control/remain calm
رغم هجومها عليه بالشتم والقدف فقد ربط جأشه حتى انصرفت

رجع على عقب   to retrace one's steps

بعد رجوعه على عقبه مرات متعددة فقد قرّر تغيير مسلكه تجاه الجامعة

تمارين

ه - أكملوا الفراغات التالية بالعبارات المناسبة: ✓

D. Fill in the gaps with appropriate expressions

1   ظل.......................... هو الاهتمام بمزرعة أبيه بعدما توفي الأخير
2   طلب منه أصدقاؤه أن يقوم بعمله ....
3   قام أهل البلد .... للدفاع عن حقوق أهل البلد
4   احتضنت جامعته أول مؤتمر وقد عمل كل ما في جهده وقام على .... حتى آخر يوم في المؤتمر
5   تم إلغاء كل الرحلات من البلد إلى..........................
6   رسب في الامتحان لأنه.......................... إلى نصائح وتوجيهات أساتذته
7   اتفق الطرفان .... على مضمون الاتفاقية

Other expressions (continued)   عبارات أخرى (تابع)

رجوع الذاكرة إلى   to recall/remember

زار بلدته القديمة فرجعت به الذاكرة إلى عهد الصبا

رفع من مكانة   to upgrade something

رفع المدير من مكانة موظفه أمام المحكمة

أزاح الستار\اللثام عن   to unveil

أزيح الستار اليوم عن تمثال مانديلا في لندن

نظرات زائغة   wandering glances

كان يمشي في السوق ونظراته ظلت زائغة

ركب ذَنَب الريح   to speed along like the wind

يسوق وكأنه راكب ذَنَب الريح

أمطر ..... بوابل من   to shower with a hail of

أمطر الأطفال الصغار زميلهم بوابل من الحجر

في عداد   among

يعدّ في عداد المفقودين

ضيق النطاق   narrow scope; limited extent

رغم شهرته عالميا فإن أفكاره تظل ضيقة النطاق

ضاقت يد .... عن   to be incapable of; to be too poor

ضاقت يده عن شراء الضروريات منذ أن فصل من عمله

out of curiosity

حبا في الاستطلاع
زرت مدينة الضباب حبا في الاستطلاع

give free reign to his instincts

أطلق النفس على سجيتها
أطلق النفس على سجيتها غير مبال بمبادئه الدينية

to open or pave the way for someone or something

فسح له الطريق
فسح الأب لابنه الطريق للمشاركة في الألعاب الجامعية

to indulge in defamatory remarks about someone

أطلق لسانه فيه إطلاقا شنيعا
غضب عليه غضبا كبيرا فأطلق لسانه فيه إطلاقا شنيعا

insurmountable barrier

حاجز منيع
وقف الثلج حاجزا منيعا أمام المسافرين، الأمر الذي أدى إلى إلغاء الرحلة

milestone

اللبنة الأساس
تعتبر الأسرة اللبنة الأساس للمجتمع

full partner

شريك كامل
يبحث أحد رجال الأعمال عن شريك كامل لمشروعه الجديد

grab/seize the opportunity to

اغتنم الفرصة لـ
اغتنم الطالب فرصة حصوله على منحة لزيارة الدول الأوروبية

hang in the balance

لم يبت فيه بعد
لم يبت بعد في قضية المجرم الذي قتل زوجته

indifferent

غير مكترث
يبدو هذا الطالب غير مكترث بدراسته

lay off

استغنى عن خدمة
استغنى المدير عن خدمة عامله

lay the foundation stone

وضع الحجر الأساس
تمّ وضع الحجر الأساس لبناء مستشفى كبير

under the veil of secrecy

طي الكتمان
إبقاء بعض الحقائق طي الكتمان

tangible

ملموس
نتعامل مع القضايا بشكل ملموس

master mind

العقل المدبّر
يعتبر بلير العقل المدبّر لسياسات حزب العمال الجديد

CONSOLIDATION EXERCISES

أ. ادرسوا العبارات أعلاه وأجيبوا عن الأسئلة التالية:

A. Study the above expressions and answer the following questions.

1 ظل .... الشاغل هو تحقيق حلم صغره أن يصبح طبيبا
2 قام العمال ....رجل واحد في مواجهة طغيان المدير
3 على الرغم من اختفائها لسنين فقد أكدت مصادر على أنها ما زالت على .... الحياة
4 عندما زرت بلده تبادر .... صديق الطفولة
5 زرت مدرستي .... الذاكرة إلى أيام الصبا عندما كنت تلميذا في نفس المدرسة
6 أزاحت الفيفا ....عن منظّم كأس العالم
7 فسح الصديق لصديقه .... للعمل في الشركة نفسها
8 اغتنم الوزير .... زيارته للبلد فذّكر نظيره بأهميّة المحافظة على البيئة واحترام حقوق الانسان
9 وضع صاحب السمو الحجر .... لبناء أول مستشفى سرطان في المدينة
10 اعتبرت أمريكا ابن لادن العقل .... لكل الهجمات على مصالحها في الشرق الأوسط
11 ظلت كل حقائق محاكمته طي .... ولم يفصح عنها لأحد
12 تم الاستغناء عن خدمته بعد ....في قضية فساد مالي
13 .... اللاعب تحسنا ملموسا هذا الموسم حيث سجّل عدة أهداف
14 تخاصمت مع زوجها فأطلقت .... إطلاقا شنيعا
15 أدّت الخلافات بين أعضاء الحزب إلى تأجيل المؤتمر إلى أجل ....
16 ظل .... الفرصة حتى أزاله من منصبه وعوّضه بشخص آخر
17 .... الشركة عن خدمته كمستشار ثقافي لها بعدما تبيّن قصوره في مجالات عدة
18 يعتبر التعليم .... الأساس لتطور المجتمعات ورقيها
19 ارتكب حادثة سير لأن نظراته ظلت .... ولم ينتبه للطريق أمامه
20 اقتحموا بيته في .... النهار دون خوف أو حياء

UNIT 7 ARABIC MEDIA WRITING

الوحدة السابعة: الكتابة الإعلامية باللغة العربية

This unit introduces learners to a wide range of themes concerning Arabic media. The impetus behind this is to equip learners with a wealth of vocabulary and expressions to enable them to understand media texts and compose sentences, paragraphs and short articles. The unit offers a wide range of drills on the themes of diplomacy, elections, the economy, the environment and natural disasters, revolutions and law. By introducing learners to these themes, we hope this will equip them with plethora of expressions, which will facilitate the task of comprehension, translation and writing.

7.1 Diplomacy — الدبلوماسية 7.1

The following section introduces a wide range of expressions and terminologies associated with the theme of diplomacy. Some of these expressions are contextualised in sentences for ease of learning and referencing. You will be asked to learn some of these expressions, put them into sentences and complete a range of exercises for practice.

تعلموا المصطلحات والعبارات المسطر عليها في سياقها.

Learn the following underlined expressions in their context.

1 **استقطبت** الأزمة الإنسانية في سوريا اهتمام الرأي العالمي

2 **أفادت** قناة الجزيرة **بأن** الأمين العام للأمم المتحدة سيزور الشرق الأوسط الأسبوع المقبل

3 **وصرّحت** مصادر موثوقة **بأن** الاتحاد الأوروبي صادق على خروج بريطانيا من الاتحاد

4 **وأضاف** الناطق الرسمي باسم الحكومة البريطانية **بأن** حزب العمال سيجتهد جدا للفوز بالانتخابات القادمة

5 **في أول رد** فعل رسمي **على** قرار سحب الولايات المتحدة قواتها من شمال سوريا قال..........

6 **اسفرت** محاولة إنقاذ المختطفين **عن** مقتل واحد منهم

7 **توقع** المتظاهرون **استمرار** الاحتجاجات حتى تلبّي مطالبهم

8 **شنّ** الحزب الديمقراطي الأمريكي **حملة عنيفة على** سياسة ترامب الخارجية

9 **وصف** البعض التدخل الروسي في سوريا بالانتهازي

10 **أعرب** وزير الخارجية الألماني **عن** أسفه لما يجري في اليمن

11 **قامت** فرنسا **بـ**تكثيف نشاطها الدبلوماسي من أجل تفادي الحرب

12 **لم يصدر عن** الاجتماع **أي** بلاغ مشترك

13 **عقدت** الجامعة العربية مؤتمرا لدراسة الوضع في غزة

14 **نسبت** صحيفة واشنطن **لمسؤول** عراقي قوله......

15 **بالرغم من** الوساطات العديدة للصلح بينهما **فإن ذلك** لم يثمر عن شيء

16 **ناشد** الرئيس المحتجين بالعدول عن الاحتجاجات والدخول في مفاوضات مع الحكومة

17 **علّق** مذيع القناة **على** المحادثات القائمة بين الطرفين وتساءل عما إذا كانت الجهود المبذولة ستثمر عن نتائج إيجابية

18 **أبدى** الأمين العام للأمم المتحدة **قلقه** بشأن الوضع الإنساني في مناطق النزاع حول العالم

19 **صدر رد رسمي** عن وزارة الخارجية الأمريكية فيما يخص انسحاب القوات الأمريكية من شمال سوريا

20 **رحّب** مجلس الأمن **بعودة** الطرفين إلى **طاولة المفاوضات** بعد فترة نزاع دامت سنتين

تمارين

أ. تعلموا العبارات التالية وضعوا بعضها في جمل مفيدة:

A. Learn the following expressions and put some of them in sentences.

أدلى بـ – صرّح – صدر رد رسمي – أصرّ على – أضاف قائلا – أوضح – أكد – شكك – خلص إلى – علق – تساءل – وبشأن .... قال – وفيما يتعلق بـ ....فقد أدلى – أشارت – طعن في – أبدى تخوفه /قلقه – انتقد – رحّب بالتصريح واعتبره خطوة نحو الاتجاه الصحيح – جعل من ....قضية وقال ...- عبّر عن فرحه. أجبر...... بعد أن اتهمه.

وبدا الاختلاف واضحا بين ...- وبدوره دافع ....- وأعرب عن – وتساءل - وهاجم ... – واتهم – وردّد قائلا – بيّن بوضوح – أجاب مستهزأ - عبّر عن قلقه لما... – وبخصوص.....قال...- وضّح نقطة الخلاف بين- أجاب بكل ثقة – من جهته اعتمد ...... (Lahlali 2017: 5)

....

....

....

....

....

....

....

....

....

....

ب اكتبوا فقرة من عندكم تتضمن العبارات أعلاه. يمكن الاستعانة بالنموذج التالي:

B. Use some of the following expressions to write a paragraph of your own. The following is an example:

التقى الرئيس الأمريكي بنظيره الفرنسي، فرحّب الأخير بضيفه وتناولا محادثات حول الشرق الأوسط. وأعلن الناطق الرسمي للرئيس الأمريكي أن المحادثات كانت إيجابية، لكنه طعن في الصحافة التي انتقدت الرئيس

وأعرب عن أسفه أن بعض الصحفيّين عبّروا عن مواقف معادية للرئيس ولا يستطيعون دعمه. أما الرئيس الفرنسي فقد أبدى تخوّفه مما يجري في الشرق الأوسط، مؤكدا أن أمن وسلام أوروبا مرهون باستقرار بلدان الشرق الأوسط.

....

....

....

....

....

....

ج- ضعوا ما يلي في جمل مفيدة:

C. Put the following in meaningful sentences.

طاولة المفاوضات - صانعي القرار - تلميع صورة - نشر الدبلوماسية - تقديم دعم - تعزيز الحوار - مشاعر الغضب - أجرى محادثات - عقد مؤتمرا صحافيا

....

....

....

....

....

....

ه - املؤوا الفراغات بالكلمات المناسبة:

D. Fill in the gaps with the appropriate words.

الدولي - تحسين - خطوة - التقى - المفروض - أجرى - الإيجابية - الناطق - لإجراء

.... الرئيس الأمريكي بنظيره الكوري الشمالي في كوريا الشمالية................. محادثات حول البرنامج النووي الكوري. وتعدّ هذه المبادرة............. تاريخية لم يسبق لأي رئيس أمريكي أن قام بمثلها. و .... الرئيسان محادثات تركزت حول الوضع النووي لكوريا الشمالية والحصار .... عليها لسنوات. ويهدف هذا اللقاء الدبلوماسي إلى .... العلاقات الدبلوماسية بين البلدين لما فيه المنفعة للشعبين. وعلّق .... الرسمي للرئيس الأمريكي قائلا: "إنها فرصة تاريخية تعيد كوريا الشمالية لحضيرة المجتمع .... وستساهم في رفع الحصار المفروض عليها".

ومن جانبه عبّر الرئيس الكوري الشمالي عن تفاؤله للمحادثات ووصفها ب..................

ح. املؤوا الفراغات التالية بالحروف المناسبة:

E. Fill in the gaps with the appropriate prepositions.

من ب في ب من

أفادت مصادر فلسطينية أن وفدا مصريّا زار غزة .... أجل تقريب وجهات النظر بين حماس والسلطة الفلسطينية .... رئاسة محمود عباس. وحسب بعض التقارير فإن الاجتماع كان إيجابيا ورحبّت منظمات المجتمع المدني الفلسطينية .... هذه الخطوة واعتبرتها خطوة .... الاتجاه الصحيح .... أجل حلّ المشاكل السياسية العالقة بين الطرفين.

خ. تعلموا المصطلحات التالية وضعوا بعضها في فقرة مناسبة:

F. Learn the following expressions and put some of them in sentences.

intensive diplomatic efforts	جهود دبلوماسية مكثفة
hold talks	يجري محادثات
ceasefire	وقف إطلاق النار
agreement; deal	صفقة
exchange of prisoners	تبادل الأسرى
Ministry of State for Foreign Affairs	وزير الدولة للشؤون الخارجية
urge (to do something)	حثّ على
put pressure on; pressurise	ضغط على
made contact	أجرى اتصالا
deadlock	طريق مسدود
to make a decision	اتخذ قرارا

....

....

....

....

....

....

....

....

7.2 Elections — 7.2 الانتخابات

The following section introduces the theme of elections. It offers a range of expressions and terminologies, some of which are contextualised in sentences to facilitate the learning of these expressions.

تعلموا المصطلحات التالية مع ترجمتها

Learn the following terminologies and their translation.

elections	انتخابات
polling stations	مراكز الاقتراع
voting	التّصويت
international monitors	مراقبين دوليين
heavy turnout	إقبال كبير/كثيف
election campaign	حملة انتخابية
by-elections	انتخابات فرعية
general elections	انتخابات عامة
candidate	مرشّح
electorates	الناخبون
free and fair elections	انتخابات حرّة ونزيهة
hold elections	أجرى انتخابات
delay; postpone elections	أجّل الانتخابات
cancel elections	ألغى الانتخابات
to abstain from voting	أحجم عن التصويت
win a landslide victory	فاز فوزا ساحقا
vote-rigging	تزوير الانتخابات
voting in favour of	التصويت لصالح
contending parties	الأحزاب المتنافسة
opinion polls; surveys	استطلاع الرأي
election results	نتائج الانتخابات
transparency	الشفافية
term	ولاية

sweeping victory	فوز كاسح
financing public services	تمويل الخدمات العامة
absentee ballot	اقتراع غيابي
ballot paper	ورقة الاقتراع
secret ballot	اقتراع سرّي
a decline in popularity	تراجع في الشعبية

تعلموا المصطلحات التالية في سياقها

Learn the following terminologies/expressions in their context.

1   عرفت **الحملة العامة** للانتخابات البريطانية <u>**مشادات كلامية**</u> بين أنصار مرشحي الأحزاب المختلفة

2   **فاز** الحزب القومي السكتلاندي **فوزا كاسحا** بأغلب المقاعد في الانتخابات العامة البريطانية

3   تميّزت الانتخابات التونسية **بالشفافية** ووصفها المراقبون **بالحرّة والشفافة**

4   **أحجم** بعض النواب **عن التصويت** لقانون خروج بريطانيا من الاتحاد الأوروبي

5   **أجّلت** اللجنة <u>**الانتخابات**</u> نظرا لسوء الأحوال الجوية

6   **أدلى** المغاربة **بأصواتهم** لانتخاب نواب الأمة

7   تشير **استطلاعات الرأي** إلى تقدم الحزب الاشتراكي الإسباني في الانتخابات العامة

8   فتحت **صناديق الاقتراع** أبوابها باكرا لاستقبال الناخبين

9   اتهمت المعارضة الحزب الحاكم **بتزوير الانتخابات**

10   لجأ البرلمان إلى **الاقتراع السرّي** نزولا عند رغبة بعض النواب الذين طالبوا بكتمان هويتهم

11   فاز الرئيس **بولاية ثانية** بعد فوزه بأغلبية الأصوات

تمارين

أ اكتبوا فقرة مستخدمين فيها بعض العبارات أعلاه. الفقرة أسفله نموذجا:

A. Write a paragraph utilising some of the above expressions. The following paragraph is an example:

فتحت صناديق الاقتراع أبوابها باكرا واتجه الناخبون إليها للإدلاء بأصواتهم لاختيار من ينوب عنهم. وعشية التصويت، تم الإعلان عن الفائز، حيث تصدَّر حزب الخضر الانتخابات وفاز بأغلبية المقاعد ما جعله أكبر حزب في البلاد. ويعود فوزه إلى الاعتماد على الشباب في حملته الانتخابية والتي وصفها المراقبون بالحرة والنزيهة.

....

....

....

....

....

✓   ب املؤوا الفراغات بالحروف المناسبة:

B. Fill in the gaps with the appropriate preposition

عن - إلى - عن - بـ - لـ - عن - بـ

1   تصدّر الحزب .... الانتخابات
2   أدلت الناخبة .... صوتها
3   عبّر الحزب .... أمله في الفوز بالانتخابات
4   أحجم ممثلو البلد .... التصويت في البرلمان
5   فاز الحزب .... الانتخابات العامة البريطانية
6   اتجه الناخبون .... صناديق الاقتراع .... اختيار رئيسهم
7   أعرب الأمين العام للأمم المتحدة .... أسفه لما يجري في الشرق الأوسط من نزاعات

✓   ج اتمموا الفراغات التالية بالكلمات المناسبة مما يلي:

C. Complete the following gaps with the appropriate words.

تجري - انتخابية - ولاية - استطلاعات - كاسحا - شعبية

تراجعت .... الرئيس بعد قضائه .... كاملة في الحكم. و قد تصدر منافسه .... الرأي و يحتمل أن يفوز الأخير فـوزا......... في الانتخابات المقبلة. وفي أول ردّ له عن استطلاعات الرأي قال الرئيس إنه جاهز للانتخابات وسيقوم بحملة......... قوية تظهر عيوب منافسه. ومن المرجح أن......... الانتخابات الشهر المقبل.

✓   د. صلوا العبارات على اليمين بما يناسبها على اليسار

D. Match the lines on the right with their appropriate lines on the left.

بتزوير الانتخابات وطلبت بإلغاء النتائج وإعادة انتخابات حرة ونزيهة	1 بعد فرز الأصوات والتأكد منها
فور الإعلان عن النتائج النهائية	2 على الرغم من تصويت الشباب له
إلا أنه لم يفز في الانتخابات لأن متقدمي السن لم يصوتوا لصالحه	3 اتصل بمنافسه ليهنئه بالفوز
إثر خسارة حزبه المدوية في الانتخابات البرلمانية	4 استقال رئيس الحزب من منصبه
أعلنت لجنة مراقبة الانتخابات عن الفائز	5 اتهمت المعارضة الفائز

ح. اكتبوا تقريرا صغيرا عن عملية انتخابية شاركتم فيها أو قرأتم عنها. يمكن الاستعانة بما يلي:

E. Write a short report on elections you have participated in or read about. Use some of the following expressions.

فتحت صناديق الاقتراع أبوابها - أدلى الناخبون بأصواتهم - مرّت العملية الانتخابية في جو ديمقراطي - حضر المراقبون الدوليون لمعاينة سير الانتخابات - لم تلاحظ أي إخفاق أو تجاوز - كان الاقبال كثيفا في الساعات الأخيرة - توجه الناخبون لصناديق الاقتراع في جو من الحماس - تمّ الاعلان عن النتائج واحتفل مناصرو المرشح الفائز.

خ. اقرؤوا النص التالي وسطّروا على كل المصطلحات التي تتعلق بالقاموس الانتخابي:

F. Read the following text and underline the election vocabulary.

بعد وفاة الرئيس التونسي المنتخب قايد السبسي، أعلنت لجنة الانتخابات تنظيم انتخابات رئاسية لتنصيب رئيس جديد للبلاد. وأعلنت اللجنة أن المواطنين سيدلون بأصواتهم بكل حرية وشفافية. وتعدّ الانتخابات الرئاسية التونسية ثاني انتخابات ديمقراطية يشهدها البلد. وفي الثاني عشر من شهر أكتوبر تمّ انتخاب ثاني رئيس ديمقراطي بعد الثورة التونسية. وقد فاز الأستاذ الأكاديمي فوزا كاسحا على منافسه. ويرجع البعض هذا الفوز إلى دعم الشباب التونسي للمرشح، ويعزو البعض الآخر هذا الفوز إلى ضعف الخصم.

وتجدر الاشارة إلى أن إقبال الناخبين كان إقبالا متواضعا بالمقارنة مع الانتخابات السابقة.

7.3 The economy — 7.3 الاقتصاد

The following section introduces the theme of the economy. It offers a range of expressions and terminologies, some of which are contextualised in sentences to help identify the exact meaning of these sentences.

تعلموا المصطلحات التالية مع ترجمتها

Learn the following terminologies and their translation.

financial deficit	العجز المالي
developed countries	الدول الصناعية
changing currencies	صرف العملات
weak dollar	الدولار الضعيف
international investments	الاستثمار الدولي
reducing spending; expenditure	خفض الانفاق
tax cut	التخفيضات الضريبية
change	الصرف
external debt	الديون الخارجية
losses	خسائر
economic growth	نمو اقتصادي
the annual growth rate	معدل النمو السنوي
goods	بضائع
profits	أرباح

inflation	تضخم
interest rate	سعر الفائدة
partnership	شراكة
loan (n)	اقتراض
The European Central Bank	البنك المركزي الأوروبي
IMF (International Monetary Fund)	صندوق النقد الدولي
federal reserve	الاحتياط الفيدرالي

تعلموا العبارات والمصطلحات الآتية في سياقها

Learn the following expressions and phrases in their context.

1 وقّع البنكان اتفاقية **شراكة** تسمح لهما بالاستثمار المشترك في المشاريع الحيوية
2 وتبقى السعودية من البلدان التي تتمتع **باحتياط فيدرالي** كبير من النفط
3 طالب **صندوق النقد الدولي** الحكومة **بتسديد** ديونها الخارجية قبل الاقتراض من جديد
4 عرف الاقتصاد نموا بطيئا هذه السنة نظرا **لانخفاض أسعار** النفط
5 دفعت الأزمة الاقتصادية العالمية بعض الحكومات إلى **خفض الإنفاق** في مجالي الصحة والتعليم
6 ساهمت **التخفيضات الضريبية** لذوي الدخل المحدود في **إنعاش** بعض الأسواق نظرا لارتفاع القدرة الشرائية لهؤلاء
7 عرفت **بورصة** بعض البنوك **خسائر** كبيرة بسبب الأزمة الاقتصادية

تمارين

✓ أ. لائموا بني الكلمات يف العمود الأول على اليمني وما يناسبها من معان يف العمود الثاين على اليسار

A. Match the verbs/ phrases on the right with those on the left.

1	انكمش الاقتصاد الدولي	قيمة العملة البريطانية بسبب مغادرة بريطانيا الاتحاد الأوروبي
2	ارتفعت الرسوم الدراسية	بسبب تفشي فيروس كورونا الذي ضرب الصين أولا
3	انخفضت	الدول الفقيرة أغلب ديونها إلى الدول المتقدمة
4	سدّدت	نظرا لتقييد الدعم المالي للجامعات

✓ ب أتمموا الفراغات الآتية بالكلمات المناسبة:

B. Complete the gaps with the appropriate words.

صادرات - انخفاض - الرسوم - القيود - الغذائية - عجز - اقتصاد

يرى مراقبون أن خروج بريطانيا من الاتحاد الأوروبي سيكون له تأثير سلبي على .... البلد، حيث سترتفع أسعار بعض المواد .... بسبب زيـادة................. على بعض السلع. كما

يتوفع البعض............... صادرات البلد إلى الاتحاد بسبب بعض............... الضريبية والقانونية على السلع.
ويرى البعض أن هذا قد يؤدي إلى.............. في الميزانية إذا تدهور الاقتصاد بسبب ضعف.............. البلد.

7.4 The environment and natural disasters المناخ والكوارث الطبيعية 7.4

This section introduces the theme of the environment and natural disasters. It offers a wide range of vocabulary and expressions, and aims to help learners understand and digest key terminologies and expressions in context. It also seeks to enable learners to use some of these expressions in sentences and paragraphs, and to practise their own writing on this theme.

Glossary of key terminologies

earthquake	الزلزال
affected by disaster	المنكوبين
shelter	مأوى
survivors	النّاجون
shelter the disaffected; homeless	إيواء المشردين
provide aid to the survivors	توفير الإغاثة للناجين
under the debris	تحت الأنقاض
strong waves	أمواج عاتية
victims of flood	ضحايا فيضانات
shelter the disaffected/homeless	إيواء المشردين
strong flood	فيضانات عارمة
refugee	نازح
erosion	الانهيارات الأرضية

تعلموا العبارات الآتية في سياقها

Learn the following in their context.

1 **ضرب زلزال** قوي عصر اليوم المدينة وبلغت شدته 5.5 درجات بمقياس ريختر
2 **أسفرت الفيضانات** التي ضربت جنوب بريطانيا عن خسائر مادية كبيرة
3 **خلف الزلزال** قتلى وجرحى وخسائر مادية كبيرة
4 **نجا السائق** بأعجوبة من الحادثة التي أصابته على الرغم من تكسر سيارته
5 **لقي** بعض سكان المنطقة **حتفهم** بسبب الإعصار القوي الذي ضرب البلدة
6 **ألحق** السونامي الذي ضرب شرق آسيا خسائر فادحة

7 بفضل جهود الإغاثة تم إخراج بعض الناجين **من تحت الأنقاض**
8 قدّمت منظمات خيرية مساعدات **للمنكوبين**
9 **أفادت تقارير** أن عدد ضحايا الزلزال **تجاوز** المئة **وما يزال البحث جاريا** عن بعض المختفين
10 ارتفعت **حصيلة قتلى** الزلزال حسب إحصائيات حكومية

تعلموا الأفعال والعبارات الآتية المتعلقة بالكوارث الطبيعية في سياقها

Learn the following verbs and phrases related to natural disasters in their context.

- **ضرب** الزلزال بعض الأقاليم في اليابان
- **هزّ** زلزال بعض الأقاليم في اليابان
- **زلزل** زلزال بعض الأقاليم في اليابان

التعبير عن ضحايا الكوارث

- **لقي** أشخاص **حتفهم** من شدة الزلزال في اليابان
- **توفي** أشخاص من شدة الزلزال في اليابان
- **لقي** أشخاص **مصرعهم** من شدة الزلزال في اليابان
- **لقي** أشخاص **ربهم** من شدة الزلزال
- **مات** أشخاص من شدة الزلزال في اليابان

التعبير عن أسباب ونتائج الكوارث

- **أسفر** الزلزال **عن** قتلى وخسائر مادية فادحة
- **نتج عن** الزلزال قتلى وخسائر مادية فادحة
- **خلف** الزلزال قتلى وخسائر مادية فادحة
- **تسبّب** الزلزال **في** قتلى وخسائر ماديّة فادحة

التعبير عن حجم وقوة الزلزال

- **بلغ حجم** الزلزال 6.5 درجات بمقياس ريختر
- **بلغت شدة** الزلزال 6.5 درجات بمقياس ريختر
- **بلغت قوة** الزلزال 6.5 درجات بمقياس ريختر
- **بلغت درجة** الزلزال 6.5 درجات بمقياس ريختر
- **يعتبر الزلزال** من أقوى الزلازل التي ضربت المنطقة

التعبير عن أعمال الإغاثة

- **تم العثور على** ناجين **تحت الأنقاض**
- تم العثور على ناجين **تحت الحطام** المتراكم
- تم العثور على ناجين **تحت بقايا الحطام**
- وصلت **فرق الإغاثة** إلى اليابان
- وصلت **فرق الإنقاذ** إلى اليابان
- وصلت **فرق المساعدة** إلى اليابان
- وصلت **فرق الدعم** إلى اليابان
- قدّمت الولايات المتحدة **مساعدات مادية ومعنوية**
- أدت **عملية الإنقاذ** إلى إخراج أحياء من تحت الأرض

تمارين:

أ ضعوا ما يلي في جمل مفيدة من عندكم

A. Put the following in meaningful sentences.

1 ضرب ....
2 أسفر ....
3 تجاوز ....
4 خلفت ....
5 نجا ....
6 لقي ....

✓ ب أكملوا الفراغات بالمصطلح المناسب.

B. Fill in the blanks with the appropriate word.

كوارث - أغرقتها - انزلاق - الأمطار - أودت - انقطاع - ألحقت - قسوة - تشهد

شهد العام الماضي................ طبيعية ومناخية كانت الأسوأ خلال عقد. وإذا نظرنا إلى الفيضانات التي تشهدها أستراليا منذ أسابيع و................ الغزيرة التي هطلت على السواحل الغربية للسعودية، فإن العام الحالي قد يشهد مزيدا من هذه الكوارث.

تطفو السيارات في شوارع مدينة جدة السعودية، بعد أن................ الأمطار الغزيرة وتسببت في................ الكهرباء في أجزاء من ثاني أكبر المدن السعودية. ويخشى الناس من تكرار سيول سبقت و التي أودت بحياة أكثر من 120 شخصا و................ أضرارا كثيرة.

كما .... أستراليا منذ أسابيع فيضانات لم تعرفها القارة منذ عشرات السنين، ألحقت أضرارا تقدر بمليارات الدولارات، في حين................ السيول الجارفة و................ التربة في البرازيل بحياة مئات الأشخاص. فهل سيكون العام الحالي مثل العام السابق من حيث الكوارث الطبيعية والمناخية؟ الكل يأمل أن لا تكون................ الطبيعة كما كانت في العام الماضي.

https://www.dw.com/ar

✓ ج أعطوا مرادفات مناسبة للكلمات المسطر تحتها

C. Provide synonyms for the underlined words.

1 ضرب إعصار قوي مرفوق بأمطار غزيرة جنوب غرب اليابان
2 أعلن أن 20 شخصا في عداد المفقودين
3 طلب من سكان المناطق المجاورة للإعصار إفراغ منازلهم
4 تراجعت نسبة السياحة في البلد بسبب الأحوال الجوية المتردية في البلد
5 غادر آلاف اللاجئين بيوتهم بسبب الفياضانات نتيجة هطول الأمطار طوال الأسبوع

✓ د. أكملوا الفراغات الآتية بالحروف المناسبة:

D. Complete the blanks with the appropriate prepositions.

عن	في	إلى	في	من	على

استيقظت إيران صباح اليوم.......... مشهد من الدمار بسبب الزلزال الذي ضرب شمال البلد. وقد وصلت هزة الزلزال............ 5.5 درجات بمقياس ريختر. ويعد هذا الزلزال............ أكبر الزلازل التي ضربت البلد .... السنوات الأخيرة، حيث خلفت دمارا كبيرا .... المنشآت والمباني. وأعرب السكان.......... خوفهم لما حدث.

ح. ترجموا ما يلي إلى اللغة الإنجليزية:

E. Translate the following into English.

اجتاحت العاصفة العنيفة "سيارا" الأحد شمال غرب أوروبا، وخصوصا بريطانيا، وسط خشية من وقوع أضرار وفيضانات وانقطاع للكهرباء، وألغيت تحسبا لذلك رحلات جوية وبحرية بين فرنسا وإنكلترا وأجِّلت مباريات في ثلاثة بلدان.

ضربت العاصفة "سيارا" شمال غرب أوروبا الأحد، وتحديدا بريطانيا، وتم إلغاء رحلات جوية وبحرية بين فرنسا وإنكلترا وأجلت مباريات في ثلاثة بلدان، وسط مخاوف من أضرار وفيضانات وانقطاع للكهرباء.

ووضعت فرنسا 42 مقاطعة في شمال البلاد الأكثر عرضة لخطر العاصفة تحت التنبيه البرتقالي، و دعت السكان لتجنب الغابات والمناطق الساحلية والإبحار. وينتظر هبوب رياح تصل سرعتها إلى 140 كلم في الساعة.

https://akhbarak.net/news/2020/02/09/21334179/articles/38532164

خ. استخدموا ما تعلمتم واكتبوا مقالا صغيرا عن زلزال أو كارثة طبيعية عايشتموها.

F. Use what you have learnt and write a short report on a natural disaster you have witnessed.

....

....

....

....

....

....

....

....

....

....

....

7.5 Revolutions and law — 7.5 الثورات والقانون

The following section introduces the theme of revolutions and law. It provides a wide range of vocabulary and expressions, and helps learners to compose sentences and paragraphs. It also offers a wide range of drills designed to help learners practise what they have learned.

تعلموا المصطلحات التالية مع ترجمتها

Learn the following terminologies and their translation.

taking actions	اتخاذ إجراءات
charged atmosphere	أجواء مشحونة
protests	احتجاجات
put down the revolt	إخماد الثورة
people's will	إرادات الشعوب
to exacerbate	استفحل
reform	الإصلاح
heavy losses	أضرار جسيمة
to arrest someone	ألقى القبض على
widespread	الانتشار الواسع
popular revolts; mass protests	الانتفاضات الشعبية
mass uprisings	انتفاضات جماهيرية
eruption of revolutions	اندلاع الثورات
collapse of the state	انهيار الدولة
fuelling the masses	تأجيج الجماهير
consequences; repercussions	تبعات
concerted efforts	تضافر الجهود
co-existence with regimes	التعايش مع الأنظمة
political pluralism	التعدّدية السياسية
amendments	التعديلات
mitigating	تلطيف
stepped down	تنحّى
meticulous planning/organisation	تنظيم محكم
the popular movement	الحراك الشعبي
liberties	الحريات
coalition government	حكومة ائتلافية
deterrence	الردع
legitimate desire for democracy	رغبتها المشروعة في الديمقراطية
the president and his henchmen	الرئيس وحاشيته
the downfall of the regime	سقوط النظام
spark	شرارة
broader constitutional powers	صلاحيات دستورية واسعة

class and sectarianism	الطبقية والطائفية
deadlock	طريق مسدود
chaos	فوضى
to make concessions	قدم تنازلات
oppression and deprivation	القهر والحرمان
Supreme Council of the Armed Forces	المجلس الأعلى للقوات المسلحة
interim council	مجلس انتقالي
assassination attempt	محاولة اغتيال
feelings of hatred	مشاعر الكراهية
narrow interests	مصالح ضيقة
call for reform	المطالبة بالإصلاح
public properties	ممتلكات عامة
confrontations	المواجهات
displaced persons and refugees	النازحون واللاجئون
the ruling elite	النخب الحاكمة
to take to the street	نزل إلى الشارع
control points	نقاط المراقبة
contrary to that	نقيض ذلك
fuel	الوقود

تعلموا العبارات الآتية في سياقها

Learn the following words and phrases in their context.

1 **ثار** محتجون **ضد** الوضع الحالي في البلد وطالبوا بتحسين الأوضاع الاقتصادية والاجتماعية في البلد

2 **خرج** آلاف المتظاهرين **إلى الشوارع** احتجاجا عن الزيادة في أسعار الوقود

3 **وعبّر** بعض المتظاهرين **عن غضبهم** لما آلت إليه الأوضاع في العراق

4 **طالب** المتظاهرون في لبنان الحكومة بالاستقالة وانتخاب حكومة وطنية جديدة تعكس كفاءات 5وقدرات المواطنين

5 **و رفع** المتظاهرون **شعارات** ضد النخب الحاكمة وندّدوا بالقهر والحرمان في البلد

6 أقامت الشرطة **نقاط مراقبة** على مداخل المدن الرئيسية تحسبا لأي تظاهرات غير مرخص لها

7 ندّد المتظاهرون بأسلوب **الطبقية والطائفية** في تعامل الحكومة مع المتظاهرين

8 **قدّمت** الحكومة **تنازلات** للمتظاهرين، حيث تراجعت عن الزيادة في الضرائب

9 **انتفض** الطلاب **في وجه** العميد وطالبوا بتحسين الأوضاع الدراسية في الجامعة

10 **هتف** المتظاهرون **بشعارات** معادية للحكومة متهمين أعضاءها **بالفساد والمحسوبية**

تمارين

أ تعلموا وضعوا ما يلي في جمل مفيدة:

A. Learn the following phrases and put them in meaningful sentences.

1 اجتاحت الثورات ....
2 خلفت خسائر..
3 إسقاط الأنظمة المستبدة..
4 قام بثورة..
5 الالتفاف على الثورة..
6 إجهاض الثورة..
7 أفضت الثورة إلى..
8 شرارة الثورة..
9 تعثر الثورة..
10 هتافات جماهير..
11 اندلاع احتجاجات..
12 نشوب مشادات كلامية..
13 العقل المدبر للثورة..
14 عمّت الاحتجاجات..
15 رفع شعارات وهتافات..

✓ ب أتمموا الفراغات الآتية بالكلمات والعبارات المناسبة

B. Fill in the gaps with the appropriate words and phrases.

شعارات وهتافات ، أضرم ، احتجاجا ، الإهانة ، إجهاض ، اندلعت الثورة ، فأفضت ، المحتجين ، احتجاجات ، الشرارة

في أواخر ديسمبر من عام 2010 .... في قرية سيدي بوزيد بتونس نتيجة الاعتداء على بائع متجول للفواكه والـذي............ النار في جسده .... على أسلوب.................. الذي تعرض له. لم يستطع الشاب المنتحر مقاومة الحروق القاتلة ما أدى إلى وفاته في المستشفى. وكان إعلان وفاته بمثابة................ التي أوقدت نار .... في البلاد، حيث خرج آلاف .... إلى الشوارع مستنكرين ما وقع. وهتفت الجماهير بصوت عال برحيل الرئيس بن علي ورفعت................. معادية للرئيس وحاشيته. وعلى الرغم من محاولة .... الثورة إلا أن ذلك قد باء بالفشل .... الثورة إلى رحيل الرئيس التونسي.

✓ ج أتمموا الفراغات الآتية بالحروف المناسبة:

C. Fill in the gaps with the appropriate prepositions.

ب - على - إلى - ب - إلى

1 خرج آلاف المتظاهرين.......... الشوارع احتجاجا على الأوضاع المعيشية المتدنية
2 طالب المتظاهرون.......... الزيادة في الأجور وخفض أسعار المواد الغذائية
3 أفضت الثورة المصرية .... استقالة الرئيس حسني مبارك

4 رفض المتظاهرون محاولة الالتفاف .... الثورة وعدم تلبية مطالب الثوار

5 نجحت بعض الثورات العربية بسبب التمسك............. مطالب المتظاهرين

د. استخدموا العبارات التي تعلمتم واكتبوا مقالا صغيرا عن بعض الثورات التي عايشتم أو سمعتم عنها.

D. Use the expressions you have acquired and write a short article on revolutions you have witnessed or read about.

7.6　War and peace	7.6　الحرب والسلم

The following section introduces learners to the theme of war and peace. It includes expressions and terminologies contextualised into sentences for ease of learning. A wide range of exercises enables learners to practise the language they have learned.

Glossary of war and peace terminologies

reconnaissance aircrafts	طائرات استطلاع
waged	شنّ
raids	غارات
mortar shells	قذائف هاون
caused damage	خلف أضرارا
reconnaissance missions	مهمات استطلاع
reinforcement	تعزيزات عسكرية
intelligence missions	مهمات استخباراتية
agreement	اتفاق
breach of agreement	خرق اتفاق
rebels	متمرّدون
heavy armament	أسلحة ثقيلة
air strike	القصف الجوي
cruise missiles	صواريخ كروز
American warships	سفن حربية أمريكية
military headquarters	المقرات العسكرية
air bases	القواعد الجوية
bridges	جسر (ج) جسور
raids	غارة (ج) غارات
smart bombs	القنابل الذكية
set fire	أضرام النيران

the supply line	خط الإمدادات
republican guard	الحرس الجمهوري
undergo/sustain losses	تكبد خسائر
light losses	خسائر خفيفة
heavy losses	خسائر فادحة (جسيمة)
ammunition	ذخيرة
artillery	مدفعية
disarmament	نزع السلاح
deployment of forces	نشر القوات

تعلموا العبارات التالية في سياقها

Learn the following phrases in their context.

1 **شنت** الولايات المتحدة الأمريكية **حربا على** أفغانستان
2 **اندلعت الحرب** الأهلية في سوريا بعد ثورة 2011
3 **هاجمت** القوات العسكرية السورية **معاقل** للثوار
4 **استخدمت** القوات العسكرية **قنابل** حديثة للقضاء على معاقل العدو
5 **أرسل** التحالف السعودي **تعزيزات عسكرية** إلى اليمن لمواجهة الحوثيين
6 **خلفت** الهجمات العسكرية **خسائر** في الأرواح والعتاد
7 **أعلن** الرئيس الأمريكي أن بلاده **ستسحب قواتها** من سوريا في القريب العاجل
8 **توصل** الطرفان **إلى** اتفاقية سلام تنهي النزاع المسلح بينهما
9 **نفذت** القوات العسكرية **غارات جوية** على معاقل العدو

أ. تعلموا وضعوا ما يلي في جمل مفيدة

A. Learn and put the following in appropriate sentences.

1	أبرم اتفاقا ....
2	تكبد خسائر ....
3	طلب اللجوء ....
4	راح ضحية..
5	فرض حظر التجول ....
6	سحب قوات..
7	انتهك القانون..
8	عقد اجتماع..
9	هجوم بري..

✓ ب. اتمموا الفراغات بالكلمات المناسبة لما يلي:

B. Fill in the gaps with appropriate words.

المبادرات - الحرب - إنسانية - إطلاق - أمله - دعمها

أعرب ولي العهد السعودي عن .... في أن يؤدي وقـف............ النار في اليمن إلى حوار سياسي وإنهاء............. في اليمن، لكنه طالب أولا بأن توقف إيران................ للحوثيين، وذلك خلال حواره مع برنامج 60 دقيقة، بثته شبكة "CBS" الإخبارية الامريكية.

وبسؤاله عن رؤيته لحل "أسوأ أزمــة................. في العالم" الناجمة عن حرب اليمن، قال ولي العهد السعودي: "أولاً، إذا أوقفت إيران دعمها لميليشيات الحوثيين، فسيكون الحل السياسي أسهل بكثير. اليوم، نفتح جميع................. لحل سياسي في اليمن، ونتمنى أن يحدث هذا اليوم قبل الغد".

ج. لخصوا المقال التالي مستخدمين بعض من العبارات التالية:

C. Provide a summary for the following text, using the following expressions.

يبدأ الكاتب النص بـ ، يبرهن الكاتب على - يبيّن الكاتب أن .... ثم يمرّ ل - يعطي الكاتب نظرة عامة عن. يشرح بتفصيل - يصف بتفصيل - يلمح الكاتب إلى - يستهل الكاتب هذا النص قائلا - يتمحور النص حول - في الفقرة الأولى يطرح الكاتب - يحثّ الكاتب القارئ على - يختم الكاتب النص بـ - باختصار يحاول الكاتب أن

اتفاق تاريخي بين واشنطن وطالبان تنسحب القوات الأمريكية بموجبه من أفغانستان خلال 14 شهراً

أعلن مسؤولون أمريكيون وأفغان أن الولايات المتحدة وحلفاءها في الناتو سيسحبون قواتهم من أفغانستان خلال 14 شهراً، في حال إيفاء حركة طالبان بالتزاماتها بموجب اتفاق تم توقيعه في العاصمة القطرية الدوحة اليوم.

وجاء الإعلان في بيان أمريكي أفغاني مشترك صدر في كابول.

وقال الرئيس الأمريكي دونالد ترامب إنها كانت "رحلة طويلة وشاقة" في أفغانستان. وأضاف "لقد حان الوقت بعد كل هذه السنوات لإعادة جنودنا إلى الوطن".

وفي كلمة في البيت الأبيض، قال ترامب إن حركة طالبان كانت "تحاول التوصل إلى اتفاق مع الولايات المتحدة منذ فترة طويلة".

وقال إن القوات الأمريكية كانت تقتل الإرهابيين في أفغانستان "بالآلاف"، والآن حان الوقت لشخص آخر للقيام بهذا العمل وستكون طالبان وقد تكون دولًا محيطة".

أضاف ترامب: "أعتقد حقًا أن طالبان تريد فعل شيء لإظهار أننا لا نضيع الوقت"، مُلَوِّحا إلى إمكانية الرجوع في الاتفاق قائلا "إذا حدثت أشياء سيئة، سوف نعود بقوة مثلما لم يحدث من قبل".

ويمهد الاتفاق الطريق نحو إحلال السلام في أفغانستان بعد أكثر من 18 عاماً من الصراع. ومن المفترض عقب ذلك، أن تبدأ محادثات بين الحكومة الأفغانية وحركة طالبان.

وجاء في البيان الأمريكي الأفغاني المشترك: "إن التحالف سيكمل سحب باقي قواته من أفغانستان في غضون 14 شهراً من نشر هذا البيان المشترك، والاتفاق بين الولايات المتحدة وطالبان ... شريطة أن تفي طالبان بالتزاماتها".

كيف بدأت المحادثات بين الولايات المتحدة وحركة طالبان؟

تعود البداية إلى عام 2011، حين استضافت قطر قادة طالبان الذين انتقلوا إليها لبحث السلام في أفغانستان. ولكن كان مسار المحادثات متأرجحاً. وافتتحت طالبان مكتباً سياسياً في الدوحة عام 2013 ثم أقفل في السنة نفسها وسط خلافات بشأن رفع أعلام التنظيم.

واستضافت قطر أيضاً مؤتمراً كبيراً في تموز/يوليو خرج بخارطة طريق للسلام في أفغانستان. وضم المؤتمر مسؤولين من طالبان ومن الحكومة الأفغانية، علماً بأن الأخيرين حضروا بصفة شخصية.

وفي ديسمبر/ كانون الأول عام 2018، أعلن قادة طالبان أنهم سيلتقون بمسؤولين أمريكيين لمحاولة إيجاد "خريطة طريق للسلام". لكن الحركة الإسلامية المتشددة استمرت في رفضها إجراء محادثات رسمية مع الحكومة الأفغانية، التي وصفتها بأنها مجموعة "دمى" أمريكية.

وبعد تسع جولات من المحادثات بين الولايات المتحدة وحركة طالبان في قطر توصل الجانبان إلى اتفاق.

وأعلن كبير مفاوضي الجانب الأمريكي في سبتمبر/ أيلول الماضي أن الولايات المتحدة ستسحب 5400 جندي من أفغانستان خلال 20 أسبوعاً كجزء من اتفاق تم التوصل إليه "مبدئياً" مع مقاتلي طالبان.

https://www.bbc.com/arabic/world-51689159.8

د. تعلموا العبارات الآتية المتعلقة بالسلم والسلام وضعوها في جمل مفيدة

D. Learn the following peace expressions and put them in sentences.

أعلن هدنة – اتفاقية سلام – جلس إلى طاولة المفاوضات – اتفق على – وقف إطلاق النار – وقَّع اتفاقية سلام – تبادل الأسرى – تعزيز الحوار – إعادة العلاقات الدبلوماسية – وضع حد للدعاية المعادية – مصالحة – توصل إلى اتفاق

....

....

....

....

....

....

....

....

....

....

....

UNIT 8 MY WRITING ERRORS

أخطائي التعبيرية

The following chapter introduces the reader to some of the common mistakes/errors made by learners of Arabic as a foreign language. These errors are identified, categorised, rectified and, where possible, explanations for the main reasons for these errors have been provided. Check your errors against the following.

8.1 Phonetical errors — 8.1 الأخطاء الصوتية

Voiced and voiceless sound errors

Errors of pronunciation in voiced and voiceless sounds is one of the most common errors made by learners of Arabic as a foreign language, especially if there is a voice symmetry that may lead to changing or distorting the meaning. For example:

يغشى/ يخشى

يغشى المدينة دخان كثيف و يخشى الناس هذا الدخان
Heavy smoke covers the city; people fear this smoke.

تلميع/ تلميح

1 الشخص الذكي يفهم من التلميح
The clever person understands with a glance.

2 يحتاج زجاج نوافذ البيت إلى التلميع
The windows of the house need polishing.

Other errors of pronunciation of the voiceless and voiced letters include تاء and طاء

The former is voiceless while the latter is voiced. The confusion often stems from exerting less effort in pronouncing ط which makes it sounds like a ت. The following examples illustrate the difference in meaning between the two in the context of words.

تاب/طاب

1 تاب المجرم عن الجريمة
The offender repented of the crime.

2 طاب له العيش في الريف
It is good for him to live in the countryside.

سار/صار

1 سار الطالب من الجامعة إلى البيت
The student walked home from the university.

2 صار الطالب أستاذا في المدرسة
The student became a teacher in the school.

Errors in vocalisation

The vocalisation system in Arabic requires careful attention. It has an important function, which may affect the meaning of words.

Vocalisation at the beginning and in the middle of words.

This type of vocalisation is mainly related to the root of a word and its derivations. An error of this type may cause confusion and misunderstanding of the meaning, as in the following example:

بَرٌّ / بِرٌّ

1 سافر الرجل عن طريق البَرّ
The man travelled by land.

2 يجب على الأبناء البِرّ بوالديهم
Children have to respect their parents.

Vocalisation at the end of a word.

This type of vocalisation is related to the function of a word in a sentence. It shows its grammatical function (i.e. subject, object), as the following example demonstrates:

1 جاء الرجُلُ
The man came

2 سمعت الرجُلَ
I heard the man

In the first example the short vowel /ٌ/ above the letter /ل/ refers to the subject, while the short vowel /َ/ is referring to function of object.

تمارين

أ اقرأوا الجمل الآتية ثم استخرجوا ما ورد فيها من أخطاء

A. Read and identify errors in the following sentences.

1 البرتقال من أفضل أسناف الفاكهة
2 التفاح من فاكهة السيف
3 قرأت صورة من القرآن
4 لا يردى الله عن قتل الأبرياء
5 لن يعيش الإنسان طول الضهر
6 هناك اضتراب بالعمل لأن المدير مريد
7 فردت على المجرم حراصة مشددة
8 النضافة من الإيمان
9 ممنوع اسطحاب الأطفال

✓ ب ضعوا الحركات الإعرابية و غير الإعرابية المناسبة على الحروف

B. Vocalise the following sentences.

1 جعل الرياضي التدريب مهنة
2 منحت الجامعة الطالب الفائز جائزة
3 البر طريق الخير
4 طلب المعلم من الطالب ضعف العمل
5 بالصبر و المثابرة تجعل الصعب سهلا

✓ ج ضعوا في الفراغات الآتية كلمات بها لام التعريف و بيّن نوعها

C. Complete the following gaps with the definite article and show its type.

في فصل .... تكون .... حارة فيلبس .... الملابس .... و يشربون المشروبات .... و يذهبون إلى شاطئ ....

8.2 Morphological errors — 8.2 الأخطاء الصرفية

Errors in forming duals and plurals

Errors in dual nouns, such as errors in duality of nouns that end with alif (ā) sound

عصا / كبرى

The greatest / Stick

1 يتوكأ المريض على عصوين
The patient relies on two sticks.

2 أمريكا و روسيا الدولتان العظميان في العالم
America and Russia are the greatest countries in the world.

In the above examples, the word عصوين is a dual form for the word عصا and the rule of this is: if the noun ends with the long vowel alif (ā) then in the case of duality this alif will be changed into و such as عصوان / عصا. However, if the last sound is (alif maqsourah) ألف مقصورة that is written in Arabic as ى as in كبرى, then this alif will be changed into ي in the case of duality as in كبريان . It is a common mistake to change it into ت as in كبرتان/ كبرى

Errors in plural nouns

الاسم المقصور is a noun that ends with the long vowel (ā) and it is mainly written as (ى) as in ليلى ، سلوى. The plural form of this noun is the feminine form such as ليليات ، سلويات. This means الألف المقصورة will be changed into (ي) not (و) as it is a common error as in the plural form of the word مشترى مشتروات and the correct form of this is مشتريات

This is the list of the new products هذه قائمة المشتريات الجديدة

The plural form of فعيلة is فعائل or فعايل . This difference depends on the original root of the verb, and whether it has a vowel or not. For example, the verb صحف has no vowel, صحيفة is the form of فعيلة the plural form of this is صحائف with hamza after the long vowel alif. However, if the original root of the word has the (i) vowel ياء as an essential part of the word, this (ي ياء) will remain even in the plural form as in صيف: مصايف ، ضيق: مضايق .

1 يذهب الناس إلى المصايف عند اشتداد الحر
People go to summer resorts when it gets too hot.

2 مصاير الناس بين يدي الله
The fates of people are in God's hands.

It is a common mistake to change this ياء into hamza as in مكيدة: مكائد ، مصيدة: مصائد

Errors of hamza

The use of hamza is one of the most reccurring errors in students' writing. This is due to the fact that hamza takes different shapes and forms in the context of its writing. It can take the initial, middle and final position.

Initial position:
The hamza is written at the start of the word for nouns, verbs and prepositions, either on top of the alif, if it had a short vowel fatha (َ) or damma (ُ), or under the alif if it had a short vowel kasra (-).

أَحمد	أَخذ
أُمية	أُمر
إن	إسلام

Hamza in the middle of the sentence:
It can be written either on alif, waw or yaa. This is dependent on vocal rules. The rule states that the short vowel kasra (-) is the strongest of the vowels, then damma (ُ), fatha (َ) and sukun (o). So if the hamza had the short vowel kasra (-) then it is written on yaa. However, if it has a different short vowel on it then the letter preceding it is taken into consideration. If the letter preceding the hamza had the short vowel kasra (-) then the hamza is also written on yaa, but if the preceding letter doesn't have kasra (-) then the vowel on the hamza is used to determine how it is written. For example, if the vowel is kasra (-) then it is written on ya, waw if it has (ُ) and alif if it has fatha (َ).

Rules:

1 If the hamza has kasra (-) then it is written on ya. Example, يَئِس ، بَئِس
2 If the letter before the hamza has kasra (-) then the hamza is written on ya. For example, فِئَة or ناشِئُون or بِئْر.
3 Hamza is written on alif if it had the short vowel fatha (َ) and the preceding letter has the same vowel. For example, تَأَمَّل ، تَأَخر.
4 It is also written on alif if it has the vowel sukun (o) and preceded with fatha (َ). For example, فَأْس ، رَأْس.
5 If the hamza is preceded with a long vowel, such as waw, alif or ya, then it is written in the following ways:
   - The hamza is written on the line if it is preceded with alif or waw before it. For example,

إضاءة or يتساءل.

- The hamza is written on ya if it is preceded bu ya. For example, بريئة or جريئة .

The ending hamza:

The ending hamza is one which is placed at the end of a word. It is written depending on the letter preceding it, irrespective of the short vowel placed on the hamza itself.

The following rules apply:

1 It is written on ya if it is preceded with kasra (-). For example, برِئَ ، لاجِئ

2 It is written on waw if it is preceded with damma (ُ). For example, يجرُؤ ، تهيُّؤ

3 It is written on alif if it is preceded with fatha (َ). For example, يقرَأ ، عبَّأ

4 It is written on the line if it is preceded with damma (ْ) or a long vowel (alif, waw or yaa). For example:

جزء بطء دواء بريء هدوء

تمارين

✓ أصحّح الكلمات الآتية و بيّن السبب

A. Identify the errors, correct them and indicate the reason for those errors.

الكلمة	التصحيح	السبب
مسْئُولية		
جراءِد		
علماءِكم		
مِائَة		
جزاءُه		
مُأْتمر		
مِأْذنة		
رَءَى		
جائَت		
يتَئَلم		
يَئْوي		
بِئْس		
سائَني		

ب بيّن سبب كتابة الهمزات الآتية على هذه الصورة

B. Justify the writing of hamza in the following examples.

الكلمة	سبب كتابتها على هذه الصورة
بِيئة	
شؤون	
خطَأ	
ملاجِئٌ	
طَأْطَأَ	
جزاء	
مُؤامرة	

✓ ج اجمع الكلمات الآتية جمع تكسير

C. Provide the plural form for the following words.

الكلمة	جمع التكسير
مبدأ	
شاطئ	
خطَأ	
عبء	
رئيس	
رأس	
بائس	

✓ د. هات الفعل المضارع من الأفعال الآتية

D. Derive the present tense from the following.

الماضي	المضارع
جزَّأ	
كافأ	

المضارع	الماضي
	جاء
	أساء
	أمر
	آمن

8.3 Grammatical errors 8.3 أخطاء نحوية

Verb/subject agreement: verb precedes the subject

Errors

1 ذهبوا اللاعبون إلى الملعب
2 خرجا الولدان مع أبيهم إلى السوق
3 شرحوا الأساتذة الدرس

The above sentences violate the verb/subject agreement rule, which clearly states that whenever a verb precedes its subject, and that subject is in a plural form, the verb must always be singular. It should agree with the subject in gender. The correct form for the above sentences would be:

1 ذهب اللاعبون إلى الملعب
2 خرج الولدان مع أبيهم إلى السوق
3 شرح الأساتذة الدرس

Verb follows a plural subject

Errors

1 اللاعبون ذهب إلى الملعب
2 الولدان خرج مع أبيهم إلى السوق

These two sentences contravene the subject verb/agreement rule. When the verb follows its subject, that verb should agree with its subject in number and gender. Therefore, the correct form would be:

1 اللاعبون ذهبوا إلى الملعب
2 الولدان خرجا مع أبيهم إلى السوق

Non-human plurals

Errors

1 سافرنا إلى المناطق الجميلات في المغرب
2 كان هناك دول غني وكبير

The above sentences violate the Arabic non-human grammar rules. In Arabic, non-human plural nouns behave like feminine singular nouns in all respects. Therefore, the adjectives which follow non-human plurals should be singular feminine. The same applies to verbs which precede non-human plurals. The correct form of the above sentences would be:

1 سافرنا إلى المناطق الجميلة في المغرب
2 كانت هناك دول غنية وكبيرة

كان and its sisters
Errors

1 كان الفندق كبير ومريح
2 أصبح النجم منير

The above sentences violate the grammatical function of كان and أصبح. When كان and its sisters are introduced to a nominal sentence, the subject of that sentence is always in the nominative case, while the predicate is in the accusative case. The correct form for the above sentences would be:

1 كان الفندق كبيرا ومريحا
2 أصبح النجم منيرا

تمارين

أ. ادخلوا كان وأخواتها على ما يلي:

A. Use كان and its sisters in the following nominal sentences.

1 الأستاذ لطيف
....

2 القسم ساشع
....

3 الطالب ذكي
....

4 الحاكم عادل
....

5 الرجل مسن
....

6 اللاعب متألق
....

Numbers and nouns
Errors

1 أكلنا في ثلاث مطاعم
2 والتقينا بخمسة مدرّسات من فرنسا

The above sentences violate the number/noun agreement. The numbers in the above examples should be in opposition to the nouns they precede. The Arabic grammar rules stipulate that numbers 3–10 are used in opposition to the counted items. If the singular form of the counted noun is masculine then the number should be feminine, and if the singular form of the counted noun is feminine then the number should be masculine. The nouns should be in the plural form. The correct form for the above sentences would be:

1 أكلنا في ثلاثة مطاعم
2 والتقينا بخمس مدرّسات من فرنسا

✓ ب اتمموا الجمل التالية بوضع ما بين قوسين بالشكل المناسب

B. Use what is in brackets to complete sentences.

1 في الأسبوع ________.(7 يوم)
2 عندها ________. (3 أخ)
3 حضرت ________. (2 محاضرة)
4 أستاذتي تتكلم ________. (4 لغة)
5 في مدينتنا ________. (6 جامعة)
6 زرت ________. (3 منطقة)

أنْ

Errors

1 قبل أن الذهاب إلى المقهى
2 غير أننا لن زرنا هذا البلد

In formal Arabic **أن** is used with **المضارع** and it takes a form called **المضارع المنصوب** . In unvocalised texts you will not notice anything different about **المضارع المنصوب**, except when it is preceded by the following pronouns: أنتِ – هما - أنتما - أنتم - هم

.أن should not be followed by a gerund as in the above sentence. In the second sentence لن cannot be followed by a past tense. لن is followed by a present tense to negate the future. Therefore, the correct forms for the above sentences would be:

1 قبل أن نذهبَ إلى المقهى
2 غير أننا لن نزورَ هذا البلد

أفعل التفضيل

Errors

1 أكبر وأشهر مسافرين
2 كنت الأسعد رجل في العالم

When **اسم التفضيل** is followed by a plural noun that noun should be definite. When the **اسم التفضيل** precedes the noun, it should take the form of **أفعل** or **فعلى**

The correct form for the above sentences would be:

1 أكبر وأشهر المسافرين
2 كنت أسعد رجل في العالم

✓ ج. حوّلوا ما بين قوسين إلى اسم تفضيل ثم أتمموا الجملة التالية:

C. Complete the following sentences with the appropriate **اسم تفضيل** *by rewriting what is in brackets.*

1 سبويه من ______ ______ (قديم ، نحوي) في العالم العربي.
2 لندن ______ ______ (واسع ، مدينة) في بريطانيا.
3 سعيد من ______ ______ (نشيط ، استاذ) في البلد.
4 مها ______ ______ (جميلة ، بنت) في بلدتنا.
5 أصدقائي من ______ ______ (ماهر ، طالب) في قسمنا.
6 سوق الحميدية في دمشق من ______ ______ (سوق ، مشهور) في العالم العربي.
7 جامعة ليدز من ______ ______ (جامعة ، ضخم) في بريطانيا.
8 ماهو ______ ______ (مكان ، مريح) في مصر؟.
9 هل سبق أن تسلقت ______ ______ (جبل ، عالي) في العالم؟
10 هذا ______ ______ (طالب ، ذكي) في مدينتنا.

Prepositions

Errors

1 سألتحق في الجيش عندما أتخرج بالجامعة
2 أريد الحصول في شهادة الدكتوراه

The above sentences contain prepositional errors. As in English, some Arabic verbs are followed by prepositions. There are no specific rules as to which preposition should follow which verb. Learners become familiar with verbs and their prepositions through constant practice.

The correct forms for the above sentences would be:

1 سألتحق بالجيش عندما أتخرج من الجامعة
2 أريد الحصول على شهادة الدكتوراه

✓ د. أكملوا الفقرة التالية باستخدام الحرف المناسب:

D. Fill in the blanks with the appropriate preposition.

بـ	مع	على	بـ	لـ

أدلى الرئيس الليبي ------- خطاب نوه فيه ------أهمية الخطوة التي اتخذتها إدارة الولايات المتحدة الأمريكية -------- أستئناف العلاقات الدبلوماسية -------- بلاده. واعتبر ذلك خطوة مهمة نحو بناء علاقة وثيقة تعتمد -------- التعاون بين البلدين. ويعد ذلك عهدا جديدا يتم فيه طي صفحة الخلافات وفتح عهد الحوار والدبلوماسية. ويذكر أن العلاقات الدبلوماسية الليبية /الأمريكية انقطعت حوالي 20 سنة.

إنّ and its sisters

Errors

إنّ الولدان مجتهدان

This sentence contains a grammatical error. The subject of إن should be in the accusative form, not in the normative form. The subject of إنّ is always in the accusative case while its predicate is in the nominative case. إنّ cannot be followed by a verb. The above example seems to have violated the rule of إنّ and its sisters. The correct form would be:

إنّ الولدين مجتهدان

الولدين is the subject of **إن; مجتهدان** is its predicate and is in the nominative dual case.

✓ ح. ادخلوا إن وأخواتها على الجمل التالية

E. Use إنّ and its sisters to complete the following sentences.

1 الجو ممطر اليوم

....

2 المعلمون غائبون اليوم

....

3 الطالبات المجتهدات عبّرن عن ارتياحهن للمحاضرة

....

4 الأصدقاء الجدد متفائلون

....

✓ خ. حوّلوا الجمل التالية إلى المثنى

F. Use the following sentences in the dual form.

1 إن الطالب الذكي مريض.

....

2 ليت الصديق الوفي حاضر معنا اليوم .

....

3 كأن الوزير رئيس مؤقت.

....

4 كاد المتنافس أن يفوز أمام خصمه.

....

5 لعل الطبيب موجود.

....

6 ليت المسافر المريض يعود إلى وطنه.

....

7 إنّ اللاعب مرهق طوال الوقت بعد المباراة.

....

8 لعل النّجم لامع.

....

المضارع المجزوم

Errors

1 لم يذهبون إلى المدرسة بسبب الإضراب
2 إن تعملين جيدا تنجحين

The above two sentences contain two main grammatical errors. The verbs in these sentences should be in the jussive mood because they are preceded by إن and لم.

When the present tense is in the jussive mood, the verb should have a sukun ending (ْ). If the present tense verb is in the form of one of the five verb groups, the jussive mood sign will be omitting the **(ن)**. Therefore, the correct form would be:

1 لم يذهبوا إلى المدرسة بسبب الإضراب
2 إن تعملي جيدا تنجحي

و. استخدموا الأدوات التالية ليس، لم، لا، لن لنفي الجمل التالية:

G. Negate the following sentences using لن ،لا ،لم *or* ليس*:*

1 زوجي يتكلّم اللُّغة العربيّة الفصحى.

....

2 غضبت زوجته بسبب تأخّره.

....

3 سنبقى في المكتبة وقتا طويلا.

....

4 لي أصدقاء كثيرون في الجامعة.

....

5 سافر عادل إلى بلده الصَّيف الماضي.

....

6 في هذه المدينة فنادق كثيرة.

....

7 سأذهب إلى السينما غدا.

....

8 والدي يساعد والدتي بشغل البيت.

....

استعمال قد

The use of قد can be at times confusing for learners. This is because it has different meanings in different contexts.

تكون حرف تحقيق أي تحقيق وقوع الفعل أو توكيده إذا سبقت الماضي: did, has done

1 قد حضر الغائب
2 قد نجح الذكي

قد + المضارع: تشير إلى احتمال وقوع حدث في المستقبل may/might/perhaps

1 قد ينجح الكسول
2 قد يفوز الفريق
3 قد يزور الصديق
4 قد تصدّقني وقد لا تصدّقني

كان+ قد + الماضي: had done

1 في الوقت الذي وصلنا فيه إلى البيت ، كنت قد غيّرت رأيي نهائيا
2 لما قابل المحامي المتّهم ، كان رجال الأمن قد استجوبوه ساعتين.

و+ قد + الماضي = جملة الحال having done

1 غادرت البلد وقد أدركت أن الإبقاء على العلاقة أصبح مستحيلا
2 رجع ابن بطوطة إلى المغرب وقد زار معظم البلدان....

اعطوا مثالا تكون فيه:

H. Provide an example with the following

1 **قد + ماضي**

....

....

2 **قد+ مضارع**

....

....

3 **كان+ قد+ الماضي**

....

....

4 **و+ قد + الماضي**

....

....

8.4 Errors of expression — 8.4 أخطاء تعبيرية

Errors of expression arise from students' inability to express themselves using the appropriate language structure and vocabulary. One of the causes of errors of expression is the native language interference.

يدخل الصف الصحيح لعمره

The above example clearly shows native language interference. The learner in this example provides a word for word translation of the English sentence, 'Joint the right class for his age', which has affected the Arabic sentence structure and meaning. The correct form would be:

سيلتحق بالصف المناسب له.

8.5 Vocabulary errors أخطاء لفظية 8.5

Because of the interference of their native language, learners often translate or use equivalent words, which, at times, are inappropriate for the context.

Errors

1 التحقت بالجامعة لتعليم اللغة العربية
2 حين اوصل إلى مكة المكرمة

The student here has chosen the wrong word to express his or her meaning:

1 التحقت بالجامعة لتعلم اللغة العربية
2 حين أصل إلى مكة المكرمة

Due to the complexity of the Arabic structure and richness of its semantics, learners of Arabic often encounter the difficulty of using the correct item in the right context. Students are advised to consult their dictionaries to ensure they are using lexical items in their accurate context.

CONSOLIDATION EXERCISES

أ. صحّحوا الأخطاء في الجمل التالية .

A. Correct the errors in the following sentences.

General grammatical errors

الخطأ	الصواب
كان الفندق كبير ومريح	
من صعب أن أعتبر	
أرسل لي أخبارك في رسالة إذا عندك الوقت	
قضيت سنة الماضي في جمهورية مصر	
منذ خرجت	
ألف ليلى وليلى	
ولكن عندي صحة جيدة	
كان رحلتي في بوربو بعيدة وممتع ولكن رغم صعوبته........	
بالاضافة إلى ثلاث مطاعم	
بين السورية والمصر	

الخطأ	الصواب
الناس هنا مشغول	
في هذه مرحلة من حياتي	
أقرر بين الثلاث أفكار	
المشروع ليس واضح	
وأصبحت حياتي سهلا	
اعتدت أن حياة في بلد جميل	
وأريد أن أزور بلدان مثل الهند...	
سأنتهي دراساتي الجامعية	
السنين العشر الأول من عمري	
فسأكسب المال الكافية	
أحلام كثيرا في رئسي	
البلدان الأوروبيين	
أصدر كتب كثيرا على موضوعات مختلفين	
يعتبر هذا الهرم الأشهر من الأهرام	
ولكن لم أهتمت	
كانوا مستعدون	
أن هناك المعارك الكثيرا	
أجد أن الوالدان	
وكذلك تبادل الفكرات والآراء	
مادام الناس يحمي أطفالهم	
فكان المواطنين	
في أياد كبار التجارة	
فصحى لغة القرآن	
أكثر من واحدة لغة	
ونمو الإقتصاد الصين	
عندنا أطفال لا يتكلم كلمة واحدة	
الذين يتكلم بالعامية	
تعلم اللغات يساعد ان نفهم	

الصواب	الخطأ
	في الجامعة ليدز التقي بالنساء
	كنت الصيف مشغول
	أتمنى أن عطلتك كانت ممتاز
	وبالنسبة لي فهذا الرحلة كانت أحسن رحلة
	قرأت كتب كثيرا واستمتعت بهذه الصيف
	وبالآخر سلمني رقم الهاتف
	سأسافر شهر القادم
	كان انجلترا جيدا وجميلا
	الأماكن مشهورة وسياحية
	كانوا كل الناس
	تحية طيب
	ابتسم ابتساما كثيرا
	قمنا ببعض حفلات موسيقية
	كنت أحب المغامرات والسفور إلى أماكن التي..
	الأطعمة المختلفة التي ما أكلت من قبل
	البلد التي أريد أن أزورها
	وأعلم أنه من ضروري السفر
	أمضي شهر أو شهرين
	حيث يسكنون أقاربه
	أقضي أسبوع
	... لأنهما يحتفلون بعيد الميلاد
	لأنهم مجبورين على
	وفي اليوم السبت
	تساعد أباها مع الشغل
	في يوم من الأيام في سنوات الماضي
	كان يعيش شابا
	يريد أن يفعل الحج
	ازدادت حبها له

الخطأ	الصواب
طوال المحاضراتي	
ساعدت على تربية كلنا	
أكبر وأشهر مسافرين	
درس القانون المسلمين	
عهد الخليفة الأولى	
أن عمل المدرسون	
أكتب نص عن	
ساعدت على تربية كلنا	
أكبر وأشهر مسافرين	
درس القانون المسلمين	
عهد الخليفة الأولى	
أن عمل المدرسون	
أكتب نص عن	
للحصول على التعليم الجامعية	
بعد حوالي عشر سنة	
بأمل أن الصيطرة آبار النفط العراقية	
البترول هو أكثر وقود مستخدم في العالم	
كان النفط من أهم السلعة الاقتصادية	
في تحديد سعر القوات	
كان هناك دول غني وقوي	
فكانت شيء جديد لي	
وجهني المشاكل في المغرب	
أوقفوا الجنود السيارة	
الطبقة الوسطى والطبقة العمال	
ينتمي في العصور الوسطى	

Preposition errors

	أتمتع على الدراسات العربية
	سافرت مدينة لندن
	انشاء مراكز الاجتماعية التي تشجع الإدماج
	وبالآخر سلمني رقم الهاتف
	أين ذهبت إلى العطلة
	عملت على مزرعة
	قررت بدراسة اللغة العربية
	وصلنا في القاهرة
	تستيقظ عائلتي من الساعة السادسة صباحا
	عندما كنت أصغر من عمري
	عندما تواجهي بالمصريين
	وكذلك أرغب إلى العودة إلى المغرب
	هذا المشكلة لازالت حاضرة في زمن طويل
	بقية الوقت سأقضي بعائلة صديقي
	فسأكسب المال الكافية
	لعيد رأس السنة سأذهب إلى....
	استمر بطلب العلم
	ونهاية سأركز في اختلافات التي سنراها
	أبدأ بقول
	فيما يتعلق الحدود والمسافرة
	سأركز في آمال
	أن هناك المعارك الكثيرا

Spelling errors

	في الشرق الأوصط
	المناطق الريفية الخصيبة الخلابة
	الناس يعيسون في الرياض
	لم أستطع أصتخدم المواصلات
	في الأسبوع القاديم
	وبنسبة لي ....
	ذهبنا إلى السواق واشترت ملابس
	عيد الفتر
	يعطي نظرة عامة عن الاصطضام بين الشرق والغرب
	% من احطياطي
	بأمل أن الصيطرة آبار النفط العراقية
	ومن ناحية أخرى تبعا
	سألوني اسالة عديدة عن أسباب
	هذه بعض المشاكل وجهتها عندما سفرت إلى مصر
	وفي اسبانيا عملت في الجمعيات التي تساعد المتاجين
	فلقد كانة الناس يعانون من في تدهور...
	مبادئ أساسية في أي متجمع من المجتمات
	هو أن تلعب اللغة دورا مهما في حياتنا
	سافرنا معا في الأندلوس
	فكرت أنها الطاريق إلى وظيفة عالية

Errors of expression

	أريد أن أعطي وجهة نظري لجواب إلى الأسئلة
	هذا طريقة التفكير الخطأ
	دخلت علي مشاكل أود أن أغلب التحديات وزملاء جدد من طوال العالم
	و اخر ما سوف أتحدث عنه

	في الجامعة ليدز التقي بالنساء
	كنت الصيف مشغول
	ألحقت نفسي بالعمل
	كنت الرجل أسعد في العالم
	رحل عن الحج إلى مكة...

Answers

Unit 1

1 و- فـ - فـ - لكن – ثم – و – رغم – و
2 و – ثم – وبعد ذلك – ثم – و – و – و

1.1 أ

1 و **2** ثم **3** و
4 و **5** وبالإضافة إلى ذلك **6** و – ثم – وبعد ذلك – ثم

1.2 أ

1 لكن **2** على عكس **3** لكنهم **4** من جهة - من جهة ثانية
5 لكنها **6** على نقيض / على عكس **7** على خلاف

1.3 أ

1 بينما **2** وفي هذه الأثناء **3** عندما **4** عندما **5** بعد
6 حينما **7** بينما **8** وفي هذه اللحظة **9** وبعد ذلك

Consolidation exercises

1.4 ب

1 قبل **2** بعد **3** أثناء **4** ثم – وبعد ذلك **5** ثم – قبل

1.5 أ

1 بسبب **2** ولهذا السبب **3** بسبب **4** ولذلك **5** ولهذا الغرض

1.7 ب

1 مثل **2** يحاكي **3** كـ **4** يشابه

1.8 أ

1 لم – فقط **2** غير / إلا **3** ماعدا **4** يجب **5** إن **6** لو

1.10 ب

1 وخلاصة **2** أكتفي **3** أكتفي بالقول **4** باختصار

1.11 أ

1 على غرار **2** على منوال **3** على طراز

أ 1.12

1 من المحتمل   2 من الأرجح   3 الأقرب إلى الظن   4 من الأرجح أن

Consolidation exercises

أ

1 هذا المنوال   2 باختصار   3 لا أشك   4 أوافق ..... الرأي   5 غير منطقي

أ 1.16

1 بالرغم من   2 رغم   3 رغم   4 رغم

Consolidation exercises

أ. مبتهجا – مكدرو المزاج – ارتياحه – الإحباط – وبثقة – والجلي

أ 1.18

1 لم   2 ليس   3 لا – لا – لا – لا   4 لم   5 لم

أ 1.19

1 بلد المغرب   2 طالبة   3 سعيدا   4 الأقلام   5 كريما

أ 1.20

1 تنجحوا   2 تفوزوا   3 تفلح   4 تجد إعلان التحذير عن التدخين   5 تنجح

Unit review exercises

1

1 رغم أن   2 رغم أنها   3 رغم استراحته
4 رغم أنه   5 رغم أن أباه أعطاه فرصة

2

1 و   2 ثم   3 بعد

3

1 و – ف - وبعد ذلك – وبعدها

4

و – و – لكن- لأن- بسبب – سبب – و – و

6

1 ألح 2 أكد 3 أصرّ 4 الحق أقول

7

1 لكن 2 على نقيض ذلك 3 ومن جهته
4 لكنها 5 بيد أن 6 لكنه

10

1 الحديد 2 جنديا 3 طائرة 4 طالبا 5 قصة
6 الأرنب 7 سعيد 8 الأجانب 9 فريقا 10 الأستاذ الجديد

14

1 وقد 2 وهو 3 وقد

15

1 وهم منهزمون 2 وهم فرحون 3 وهو محتار 4 وهم متعبون
5 وهم مسرعون 6 وهو مبتسم 7 وهم متعبون

16

1 قبل أن 2 بعد 3 قبل 4 بعد
5 بعد ما 6 قبل 7 بعد 8 بعد أن

18

1 الذي 2 اللذان 3 الذين 4 الذي 5 التي
6 التي 7 اللذان 8 اللذين 9 التي

19

1 فشل في الامتحان الأخير بسبب عدم اهتمامه بدراسته
2 يعمل ليل نهار نظرا لكثرة الشغل
3 سافروا إلى الخارج لكي يحضروا مؤتمر الصحة العالمي
4 عيّن نائبا للرئيس بعد مرض الأخير المزمن

20

1 إن 2 متى 3 إن 4 لو 5 أينما

Unit 2

2.1 ب

1 محمود
2 بريطانيا
3 هناك اختلاف في العادات والتقاليد والممارسات الاجتماعية
4 نعم

2.2 ب

1 سعيد
2 لحليم
3 رسالة تهنئة لحليم بمناسبة نجاحه في الامتحان الجامعي
4 بالدعاء إلى حليم

2.3 أ

1 الشكر والتقدير
2 شكره على رسالته التي هنأه فيها
3 نعم
4 اختتم رسالته بشكر نجيب

2.4 ب

1 كتبت من أوروبا
2 عزيز
3 يصف الحياة بأنها صعبة
4 يتمنى أن يلتقي بزوجته قريبا

نموذج 2

أ

1 أمل ويأس – فرح وحزن – وسعادة وشقاء
2 يصفه بأنه عالم الأحزان
3 كان قلبه صحراء ولكن إحساسه أصبح جنة بعد تعرفه على حبيبته.
4 عطر المحبة – فرح سعادة – جنة السعادة
5 صحراء قاحلة – عالم الأحزان – يأس – شقاء.

2.5 أ

1 كتب في الرياض 15.06.2019
2 سبب وفاة جدة سليم وهذه رسالة تعزية له
3 بدأ بعبارات الحزن والأسف
4 ببالغ الأسى والحزن – مشاعر المساواة والتعاطف.
5 يتغمد الفقيد العزيز بواسع رحمته ويسكنه فسيح جناته، وينعم عليه بعفوه ورضوانه
6 اختتمت بالدعاء للمرسل وأهله بالصبر والسلوان والسكينة وحسن العزاء

2.6 أ

يتفطر خجلا – لم أفلح – خانني الحظ – خاوي الوفاض

ب

1 عن عدم نجاحه
2 الظروف الصعبة التي مرّ بها
3 سيعمل كل ما في جهده للحصول على نتيجة سارة السنة القادمة
4 نعم ، سنرى من النتائج ما يرضيك العام القادم.

2.8 أ

1 خالد المرجاوي
2 هو عدم ارتياحه للخدمة المقدمة في البنك
3 لا
4 ببالغ الأسف - عدم ارتياحي

2.9 أ

1 ✓ 2 ✓ 3 ✗ 4 ✓ 5 ✓

2.11 أ

1 بدأ رسالته بالشكر والتقدير للدعم المتواصل
2 استقال لظروف شخصية
3 2019.11.30
4 اختتم بالتعبير عن شكره وامتنانه للمساعدة التي تلقاها خلال عمله.

Unit 3

3.2 أ

1 ينجز هذا الطالب عمله باخلاص وإتقان
2 طلب الأستاذ منا حفظ المفردات عن ظهر قلب.
3 بذل الرئيس قصارى جهده لمساعدة الأسر الفقيرة
4 يتميز الجندي بروح المسؤولية والانضباط
5 جنى الطالب ثمار أتعابه عندما حصل على المرتبة الأولى
6 بذل كامل طاقته لإقناع الطرفين للرجوع إلى طاولة المفاوضات.

3.5 أ

1 رسب الطالب في امتحانه السنوي الأخير
2 فشل المدير في أعماله
3 أصابه الفشل بسبب عدم حديثه
4 وصلت المفاوضات إلى الطريق المسدود
5 لم يفلح الفلاح في حرث الأرض
6 خاب الطالب في أمله.

Consolidation exercises

أ

1 يقوم الأستاذ بعمله على أحسن وجه
2 بحث مجلس الأمن القضية طردا وعكسا
3 بذلت كل جهدها للحصول على الدكتوراه
4 هذا الجندي يتمتع بروح المسؤولية والانضباط
5 أمرنا الأستاذ بحفظ الأبيات الشعرية عن ظهر قلب
6 وأخيرا استطاع أن يجني ثمار أتعابه بعد حصوله على وظيفة جيدة.

3.6 أ

1 في القريب العاجل 2 مرور الوقت 3 أمد
4 خط الشيب رأسه 5 يوم وليلة 6 آل المطاف به 7 بالكسل

3.7

Consolidation exercises

أ

1 صفحة الماضي 2 نعومة أظافري 3 بين عشية وضحاها 4 الديون
5 انعاش 6 تخصيص 7 بخفض

3.9 ب

1 اندلعت الحرب
2 ضربة استباقية
3 هجوما كاملا
4 خسائر فادحة
5 وعواصف ثقيلة
6 بخفض حدة التوتر
7 اندلاع حرب
8 معسكر تدريب
9 استخدمت .... القنابل المسيلة للدموع.

Unit review exercises

4

1 أطلق الحرب من عقالها بعد فشل المفاوضات
2 حكم عليه بالسجن لأنه كتم وجه الحقيقة
3 قام الطالب المثابر بعمله على الوجه الأكمل
4 ستصبح الاتفاقية سارية المفعول السنة القادمة
5 طالبت قوات الأمن من سكان المنطقة العمل بالحيطة والحذر
6 بذل قصارى جهده للفوز بالانتخابات التشريعية القادمة
7 يعتبر هذا الأستاذ مغلوبا على أمره فطلابه لايحترمونه
8 يدعونه بالثرثار فريقه لا ينشف طول النهار
9 رغم أملها بالفوز في الألعاب الألمبية فقد عادت بخفي حنين

5

1 صوب 2 الجمر 3 البكاء 4 غرة 5 بالمخاطر
6 قلب 7 قالبا 8 البصر 9 فسادا 10 المتواصلة

8

ضوضاء – المجاورة – شاسعة – فرحة/سرور – ضيعة – الساكنة – يحيّيها – انكب – تفان – شغله الشاغل
– فسيح/شاسع – المزركشة – الفرح – شقاوة – رسخت

Unit 4

4.1 ب

✓ 1   ✓ 2   ✗ 3   ✓ 4   ✗ 5

Writing an essay: sample 2

4.4 ب

1   حسب أحد الآباء الواجب المنزلي أساس تعليم الطلاب لأنه يساعدهم على استيعاب المهارات
    والأفكار التي تدرس يوميا.

2   يمكن أن يكون الواجب المنزلي مصدر قلق الطفل خاصة إذا لم يستطع الطفل إنجاز عمله قبل
    حلول برنامجه التلفزيوني المفضل.

3   اطلب مساعدة والدك لإنجاز واجبك فهذا يساعدك على عدم ضياع الوقت

4   إعطاء وقت للأطفال من أجل اللعب والراحة حتى يشعروا بطفولتهم

5   الواجب المنزلي نافع لتقدم الأطفال

Unit 5

5.2 التشبيه

ب
زيد كالرياضي حركة
الجو مثل الماء صفاء
نادية تضاهي الوردة جمالا
الحصان كالقطار سرعة

الحقيقة والمجاز
أ
التقيت بالقمر هذا الصباح. لقد كانت ترتدي ملابس جميلة.
اللغة العربية بحر بمعانيها المختلفة
منذ طفولته وهو يصارع أمواج الحياة الصعبة

ج
استقبلتني الأمواج – بصوت يثير السعادة – حيّت – أنارت – خلصتني – أستمتع – فتحت

Unit 6

6.1

أ

1 تراجع شعبيته 2 لتلميع سورتها 3 سارية المفعول
4 طاولة المفاوضات 5 تأييد واسع 6 منشورا 7 المفعول

ب

1 صارمة 2 انتهاك 3 حاسمة
4 نقيض 5 تعثر محادثات 6 لا يقبل أخذا

ج

1 تحقيق 2 المفعول 3 المبرم ، تطبيق 4 الدبلوماسية 5 قرارا

د-

1 القنوات 2 بمثابة 3 حقوقية
4 العلاقات الدبلوماسية 5 طرفي نقيض 6 نقاط الخلاف
7 الأمن الدولي 8 محادثات 9 العلاقات الدبلوماسية
10 طاولة المفاوضات 11 حدة التوتر 12 العلاقات الدبلوماسية
13 العلاقات الدبلوماسية 14 بحصانة

6.2

أ

1 رياح 2 اليابس 3 لإيواء 4 الإغاثة 5 انهيارات 6 الأنقاض

6.3

أ

1 يعيث .... في الأرض 2 لمكافحة الفساد
3 إجراءات ...... لمحاربة الفساد 4 أخلاقيات 5 الفساد

6.4

أ هجوما شاملا – خسائر فادحة - خسائر فادحة - القوة المفرطة - المسيلة للدموع - التهمت النيران

ب

1 استباقية 2 فادحة 3 للحد من حدة 4 حكم
5 المسيلة للدموع ... ضد 6 حظر التجول 7 خسائر 8 شنت
9 موثوق بها .... ضحايا 11 أسلحتها 12 قارعة الطريق
13 اغتيال فاشلة 14 لجروح طفيفة 15 جانبه

6.5 أ

1 بتزوير 2 تأجيل 3 فوزا كاسحا
4 والنزيهة 5 فرعية ..... استقالة 6 للانحياز

ب

1 تراجعت 2 استقال 3 انتخابية 4 كاسحا 5 ولايته
6 الحكومة 7 المدقع 8 نموا 9 المراقبون ... النزيهة

6.6

أ

1 تسديد ..... الديون 2 الركود 3 دليل قاطع
4 سراح 5 الحجة الباردة 6 ادعاءات باطلة

ب

1 طفرة 2 انتعاش 3 انكماش 4 الحرة
5 إجراءات ... الركود 6 المتضررة 7 نموا 8 فرضت

6.7

أ

1 حرية التعبير 2 رفعت الجلسة 3 شريكا في الجريمة
4 تحريض ...... القتل 5 تنفيذ الحكم

ب

1 تحقيقا 2 بشهادة 3 المخدرات 4 القبض
5 قاطع 6 القانون 7 التحريض 8 المعزول
9 الأمن 10 أفلت 11 تسديد

6.8

أ

1 فسادا 2 مقاليد 3 مسك 4 تقلبه في 5 عزلة 6 الصيت

6.9

أ

1 غرار 2 القول 3 ذليل على 4 على العكس
5 هذا الحال 6 إلى جنب 7 القول إن

6.10

أ

1 أخذ العبرة 2 ضرب بها عرض 3 من الطراز الأول
4 كل أنحاء 5 على الريق 6 عقد .... العزم 7 يخطر على باله

ب

1	العبرة	**2**	ولا جمل	**3**	لا يتجزأ	**4**	الأهمية	**5**	الضوء
6	الطراز	**7**	الحائط	**8**	على عقب	**9**	أنحاء	**10**	لا ينشف له
11	حافرته	**12**	حذب وصوب	**13**	حين غرة	**14**	مطأطأ	**15**	يقتدى
16	سبيله	**17**	بالمخاطر	**18**	نالت	**19**	لحق	**20**	بحجرة واحدة
21	الوحيد	**22**	بالا						

ج

1	فاستقر	**2**	مجال	**3**	الستار	**4**	سدى
5	شوطا كبيرا	**6**	حملا	**7**	أنظار		

د-

شغله الشاغل - بالقول والفعل - قومة رجل واحد - قدم وساق - أجل غير مسمى - لم يلق بالا - قلبا وقالبا

Consolidation exercises

1	شغله	**2**	قومة	**3**	قيد	**4**	إلى ذهني	**5**	فرجعت
6	الستار	**7**	المجال	**8**	فرصة	**9**	الأساس	**10**	المدبر
11	الكتمان	**12**	تورطه	**13**	تحسن	**14**	لسانها فيه	**15**	غير مسمى
16	يتربص	**17**	استغنت	**18**	اللبنة	**19**	زائغة	**20**	واضحة

Unit 7

7.1

د-

التقى – لإجراء – خطوة – أجرى – المفروض – تحسين – الناطق – الدولي – بالإيجابية

ح

من – ب – ب – في – من

7.2

ب

ب – عن – عن – ب – إلى – لـ - عن

ج

شعبية – ولاية – استطلاعات – كاسحا – انتخابية – تجري

د

1 أعلنت لجنة مراقبة الانتخابات عن الفائز
2 إلا أنه لم يفز في الانتخابات لأن متقدمي السن لم يصوتوا له
3 فور الإعلان عن النتائج النهائية
4 إثر خسارة حزبه المدوية في الانتخابات البرلمانية
5 بتزوير الانتخابات وطلبت بإلغاء النتائج وإعادة الانتخابات

7.3

أ

1 انكمش الاقتصاد الدولي بسبب تفشي فيروس كورونا الذي ضرب الصين أولا
2 ارتفعت الرسوم الدراسية نظرا لتقييد الدعم المالي للجامعات
3 انخفضت قيمة العملة البريطانية بسبب مغادرة بريطانيا الاتحاد الأوروبي
4 سدّدت أغلب الدول الفقيرة ديونها إلى الدول المتقدمة

ب

اقتصاد – الغذائية – الرسوم – انخفاض – القيود – عجز - صادرات

7.4

ب

كوارث – الأمطار – أغرقتها – انقطاع – ألحقت – تشهد – أودت – انزلاق – قسوة

ج

مصحوب – من بين – إخلاء – نظرا – نزول

د

على – إلى – من – في – عن

7.5

ب

اندلعت الثورة – أضرم – احتجاجا – الإهانة – الشرارة – الاحتجاجات – المحتجين – شعارات وهتافات – اجهاض – بأفضت

ج

إلى – ب – إلى – على – ب

7.6

ب

أمله – إطلاق – الحرب - دعمها – إنسانية – المبادرات

Unit 8

8.1

أ

1 أصناف
2 السيف
3 صورة
4 لا يرضى
5 الظهر
6 اضطراب
7 حراسة
8 النظافة
9 اصطحاب

ب

1 جَعَلَ الرياضِيُ التدريبَ مِهْنَتُهُ
2 مَنَحَتِ الجامِعَةُ الطالِبَ الفائِزَ جائِزَةً
3 البِرُ طَرِيقُ الخَيْرِ
4 طَلَبَ المُعَلِمُ مِنَ الطالِبِ ضِعْفُ العَمَلِ
5 بِالصَبْرِ و المُثابَرَةِ تَجْعَلُ الصَعْبَ سَهْلاً

ج

في فصل الصيف تكون الشمس حارة فيلبس الناس الملابس الخفيفة و يشربون المشروبات الباردة و يذهبون إلى شاطئ البحر

8.2

أ

مسؤولية - جرائد - علمائكم - مئة - جزاؤه - مؤتمر - مئذنة - رأى - جاءت - يتألم - يأوي - بأس - ساءني.

ج

مبادئ - شواطئ - أخطاء - أعباء - رؤساء - رؤوس - بؤساء

د

يجزّئ - يكافؤ - يجيء - يسيئ - يأمر - يؤمن

8.3

ب

1 سبعة أيام
2 ثلاثة أخوة
3 محاضرتين
4 أربع لغات
5 ست جامعات
6 ثلاث مناطق

ج

1 أقدم النحويّين
2 أوسع مدينة
3 أنشط الأساتذة
4 أجمل بنت
5 أمهر طالب
6 أشهر الأسواق
7 أفخم الجامعات
8 أريح مكان
9 أعلى جبل
10 أذكى طالب

د

بـ - بـ - لـ - مع - على

ح

1 إن الجو ممطر
2 لعل المعلمين غائبون
3 كأن الطالبات المجتهدات ....
4 إن الأصدقاء الجدد متفائلون

خ

1 إن الطالبين مريضان
2 ليت الصديقين الوفيين حاضران
3 كأن الوزيرين رئيسان مؤقتان
4 كاد المتنافسان أن يفوزا أمام خصمهما
5 لعل الطبيبين موجودان
6 ليت المسافرين المريضين يعودا إلى وطنهما
7 إن اللاعبين مرهقين طوال الوقت بعد المباراة
8 لعل النجمين لامعان

References

Abdul-Raof, H. (2001), *Arabic Stylistics: A Coursebook*, Wiesbaden: Harrassowitz Verlag.

Al-Warraki, N. and Hassanein, A. T. (1994), *The Connectors in Modern Standard Arabic*, Cairo: The American University in Cairo Press.

Lahlali, E. M. (2008), *Advanced Media in Arabic*, Edinburgh: Edinburgh University Press.

Lahlali, E. M. (2017), *Advanced Media in Arabic* (2nd edn), Edinburgh: Edinburgh University Press.

Lahlali, E. M and Kesseiri, R. (2018), *Essential Skills in Arabic: From Intermediate to Advanced*, Edinburgh: Edinburgh University Press.

Lahlali, E. M. (2019), *Arabic Media Dictionary*, London and New York: Routledge.

ابن هشام الأنصاري، عبد الله جمال الدين بن هشام الأنصاري، ت 761هـ،

أ- مغني اللبيب عن كتب الأعاريب، تحقيق مازن المبارك، دار الفكر، ط5، بيروت، 1979م.

ب- قطر الندى وبل الصدى، تحقيق محمد محي الدين عبد الحميد، المكتبة العصرية، بيروت، 1984م.

ابن عقيل، بهاء الدين عبد الله بن عقيل، ت 769هـ، تحقيق محمد محي الدين عبد الحميد، دار إحياء التراث العربي، بيروت، د.ت.

عبد الغني الدقر، معجم النحو، مؤسسة الرسالة، بيروت، ط3، 1407هـ-1986م.

د. علي توفيق الحمد ويوسف جميل الزعبي، المعجم الوافي في النحو العربي، منشورات وزارة الثقافة والفنون، عمان، 1404هـ - 1984م.

د.أحمد طاهر حسنين و ناريمان نائلي الوراقي، أدوات الربط في العربية المعاصرة،جامعة الإمارات العربية المتحدة، سلسلة كتب اللغة العربية للمستوى الجامعي، الكتاب رقم 5.